本书系教育部人文社会科学研究青年基金项目
“我国养老金制度分层设计与整合优化研究”（项目编号：12YJCZH158）成果

养老金分层设计视角下我国企业年金发展动力研究

牛　海／著

山东人民出版社
国家一级出版社　全国百佳图书出版单位

图书在版编目（CIP）数据

养老金分层设计视角下我国企业年金发展动力研究/牛海著. —济南：山东人民出版社，2015.9
ISBN 978－7－209－09160－2

Ⅰ. ①养… Ⅱ. ①牛… Ⅲ. ①企业—养老保险—研究—中国 Ⅳ. ①F842.67

中国版本图书馆 CIP 数据核字（2015）第 209678 号

养老金分层设计视角下我国企业年金发展动力研究
牛 海 著

主管部门 山东出版传媒股份有限公司
出版发行 山东人民出版社
社　　址 济南市胜利大街 39 号
邮　　编 250001
电　　话 总编室（0531）82098914
　　　　 市场部（0531）82098027
网　　址 http://www.sd-book.com.cn
印　　装 莱芜市华立印务有限公司
经　　销 新华书店

规　　格 16 开（169mm × 239mm）
印　　张 12
字　　数 200 千字
版　　次 2015 年 9 月第 1 版
印　　次 2015 年 9 月第 1 次
ISBN 978－7－209－09160－2
定　　价 26.00 元

目　录

导 论

导论部分旨在说明研究的主要问题，交代选题的社会背景，展现选题的理论意义和社会现实价值，概述研究的基本内容，介绍论题的研究方法，展示使用的技术路线，提炼研究的创新点，简要说明研究的总体思路和结构安排，从中可以看出整部著作的基本轮廓。

一、选题背景

人口老龄化加速是未来一二十年我国经济社会发展面临的一个重大问题。我国人口老龄化发展很快，生育率降低和人均寿命提高，犹如两台引擎带动中国疾步迈向老龄化社会。我国区别于其他国家老龄社会的最大特点是未富先老，而且老年人口总量已经十分庞大。根据国家统计局最新的数据，截止到2014年底，我国60岁及以上的老年人约2.1242亿人，占全国总人口的比例为15.5%。老年人口数量在未来几年将以年均800万－1000万的速度增加。另外，联合国对中国的老龄化问题也比较关注，相关的研究报告认为，虽然中国目前的人口老化程度低于OECD（Organization for Economic Co－operation and Development，经济合作与发展组织）国家的平均水平，老龄化态势并不是非常地突出，不过在2011年以后的大约30年时间里，中国人口老化的趋势会快速发展，60岁及以上人口占总人口的比重将每年增加16.55%，到2040年左右，60岁及以上人口比例将达到28%左右。2011－2040年的30年时间里，中国逐步全面进入老龄化社会。到2050年，60岁及以上老年人口占总人口的比例将超过30%，整个国家步入深度老龄化阶段。[①]国内外的相关数据都给我们以明确的警示。

我国老龄化的特点是老年人口规模大，老龄化速度快。国家经济发展还没有完成工业化，财富积累还不够，人均收入水平较低，老龄化已经来临。同时，由于30多年计划生育政策的实施，家庭小型化，人口结构呈倒三角，

① World Population Prospects, the 2010 Revision［R］. http：//esa. un. org/unpd/wpp.

养儿防老的人口基础已经不复存在，需要加强社会养老和个人养老保险体系建设，以接替原来由家庭承担的养老责任，这些情况在西方国家老龄化过程中都没有遇到过。因此，中国面临的挑战是巨大和独特的。从现在的老龄化快速发展直至严重老化的阶段只有20年左右的准备时间，中国到了必须面对和全力应对这一问题的时候了。

虽然中国政府正在全力以赴构建面向全民的基本养老保险制度，但保障水平较低，政府面临的财政压力也非常大。根据中国社会保障网的信息，《城镇职工养老保险跨省转续办法》《农民工参加养老保险办法》《新型农村养老保险试点指导意见》出台并全面实施后，中国的2亿多农民工、5亿多农民将逐步加入养老保险体系，规划到2020年，将建立起覆盖13亿人的基本养老保险制度（该目标已在十二五期间提前实现），但这种制度设计是在财政保障前提下的最低保障水平，从目前设定的水平看，每月可领取的养老金不过几十元到几百元不等，只能满足最基本的需求。此政策在当前劳动年龄人口还比较多，老年抚养比不是很高的情况下推行，还勉强能够运转起来，随着农民工年龄的老化，“新农保”体系可能又会成为下一个城镇职工基本养老保险制度，即制度内的赡养率快速提高，养老金缺口越来越大，需要财政补贴的额度也会越来越高，届时中国各级财政应付如此大规模的老龄化是有困难的。一个典型的例子是，为了减轻财政及城镇基本养老负担，2008年国家推出事业单位养老金改革试点，想降低基本养老金的替代率，但由于没有其他配套措施，比如补充养老保险，遇到很大阻力。这说明扩大覆盖面和降低替代率是基本养老保险发展的大趋势，该目标的实现需要多层次养老金体系的支持和分担。

另外，我国经济增长速度近年来一直较快，人民在生活水平快速提高的背景下，对自己老年生活的预期不断提升，最基本的养老保险水平显然不够。近年来，我国退休职工的养老金替代率不断下降，从2000年时的71%逐年下降到2006年的50%，[①]2010年以来已经降至45%左右，极个别地区的替代率更低，老年人生活陷入贫困已经成为我国反贫困的另一重要内容。显然，要使全国的老年人过上比较体面的生活，光有基本的养老保险制度是不够的，需要其他层次的制度补充，建立多支柱的养老保障体系。

总之，我国老龄化速度快、老年人口多、未富先老的特征是人类历史上

① 杨帆．企业年金在中国社保体系改革中的战略地位和经济社会价值［EB］．2009.

前所未有的。在这样不同寻常的老龄人口大国，仅靠现行的第一支柱——基本养老金制度支撑将是非常困难的，可能难以为继，出现当前欧洲部分国家养老金拖累财政的情况也不是没有可能。另一方面，在中国实行计划生育政策的大环境下，家庭少子化是普遍现象，靠家庭养老已经不太现实，传统的孝道已经无力挑起养老的重担。如何解决数量巨大的老年人口养老问题，是我国基本养老保险制度面临的重要任务。对此，有必要尽快开辟新的养老金来源，以应对来势凶猛的老龄化浪潮。根据国外部分国家的经验，发展企业年金，构建养老保险的第二支柱就成了其中的一个可行选择。本项目研究的核心问题，就是探讨如何在当前的经济社会环境下，未雨绸缪，推进我国企业年金制度尽快健全和完善起来，为将来的老年社会和众多老年人多构筑一条经济安全保障带。

二、问题的提出

我们将来靠什么养老？养老金从何而来？光靠现收现付制的基本养老保险制度风险很大，需要建立真正的个人账户制的企业年金制度，以代内自养的方式减少将来对代际转移的依赖，也降低对基本养老保险的过分依赖。我国现行的基本养老保险制度无法给人们足够强的养老金支付信心。目前的情况是：隐性债务巨大，个人账户空转，各级财政补贴额越来越高，社保基金本身的保值增值能力不强。这种以财政托底的养老金支付办法肯定难以为继。理论研究和实践经验都已经证明，现收现付制无法很好地解决人口年龄结构老化所带来的支付压力。据蔡昉（2009）的测算，大约从 2013 年开始，我国老年抚养比开始上升，传统意义上的人口红利趋于消失。[①]到 2035 年我国将会面临两名纳税人供养一名退休金领取者的状况。老龄化的快速发展给我国基本养老保险制度的运行造成很大压力。按照世界银行的分析和研究，我国目前实行的现收现付制基本养老保险制度，如果到 2033 年仍未从根本上作出改革，那么企业的缴费率要上升到 39% 以上才能保证养老保险制度的运行。因此，要应对我国老龄化的挑战，仅靠单一支柱是不够的。我国养老保险的第二支柱——企业年金普遍缺失的弊端已经突显出来。

企业年金计划大多实行个人账户积累制，更多地体现养老责任由企业和个人承担，受人口结构老化的影响较小，能比现收现付制更好地应对老龄化，

① 蔡昉．人口转变、人口红利与刘易斯转折点［J］．经济研究，2010（4）．

经济理论分析和社会实践发展都提供了这方面的证据。这里涉及的养老基金积累量与人口增长率间的关系，相关研究者经常利用萨缪尔森介绍的叠代模型（1958）① 对两者的联系进行分析和论证。设定相关的假定条件后，萨缪尔森利用储蓄型叠代模型分析了现收现付制公共养老体系的运行机制，得出在一个不存在生产和投资的纯粹储蓄型经济中，现收现付制养老金的增长率主要取决于人口的增长率。后来，艾伦（1966）② 也利用叠代模型进行分析，他给模型引进了生产与投资因素，并通过劳动生产率的增长修正萨缪尔森的模型，提出现实经济中养老金的增长主要取决于两个方面的因素：人口增长率与劳动生产率的增长率。由于发达国家生产率大多低速平稳增长，养老金的增长受人口增长率变化的影响会更大一些。20 世纪 70 年代以来，西方主要工业化国家人口老龄化快速发展，人口出生率和增长率下降明显，公共养老金体系面临很大的财务压力，许多国家选择逐步减小国家管理公共养老金的责任，相继推出税惠政策，以激励个人账户积累制年金制度的发展，分担公共养老金的财务压力。

西方国家的经验对我国具有重要的借鉴意义。发展企业年金制度可以有效分担基本养老保险制度面临的巨大压力。企业年金应该成为支撑中国养老保险大厦的重要支柱，中国发展企业年金应对老龄化是大势所趋。我国社会人口老龄化快速发展，但养老保险体系建设滞后，各方面的准备措施不足，基本养老保险面临巨大压力，有难以为继之虞。与此同时，目前我国企业年金市场发展缓慢，不尽如人意，无法作为基本养老保险的必要补充分担养老责任。从 1991 年起，我国逐渐开始探索如何发展企业补充养老保险之路，直到 2000 年，将企业补充养老保险改名为企业年金。经过 20 多年的发展，企业年金制度及市场建设虽取得一定的成效，但企业年金计划并没有在各类企业中普遍发展起来，也没有从补充养老保险的地位发展成为重要的第二支柱。从参加企业年金计划的职工与参加城镇基本养老保险参保人数的比例、年金基金占 GDP 的比例、企业年金计划覆盖率、企业年金替代率等多项指标看，年金发展程度尚处于初始发展阶段，与我国这样的劳动力大国、GDP 大国、资本大国相比，地位极为不符。企业年金发展总体呈现出起步晚、发展慢、

① Samuelson, P. A. , An Exact Consumption Theory of Social Security［J］. 1958. pp. 277 –304.

② Aaron, H. J. , The Social Insurance Paradox［J］. Canadian Journal of Economics, 1966. 32（8）: pp. 371 –374.

比例小、不平衡的特点,[①]无法对基本养老保险发挥有力的支持和减负作用，与真正的三支柱体系差距较大，这说明当前发展我国的年金制度任重道远。

综上所述，本研究以中国人口老龄化为指向，以推动年金制度的发展为目的，努力探索企业年金制度以及市场发展缓慢的主要原因，特别是制约就业人数众多的中小企业发展年金计划的重要原因，寻找推动企业年金发展的动力机制和力量之源，在不进行较大的制度变迁的前提下，把企业年金制度嵌入现存的养老保险制度体系之中，改变企业年金市场发展长期徘徊不前的状况，为我国企业年金的发展寻找适合当前中国国情的发展道路。

三、选题的意义

（一）理论意义

探索我国建立多层次养老保险体系的理论。“未富先老”的社会如何应对老龄化，世界上其他国家没有经历过，没有现成的理论指导，找不到可以借鉴的对策和方法，必须根据中国的实际情况进行创造性研究和探讨，这一工作对中国、对全世界而言都具有重要的理论意义。中国在快速发展过程中，所有制形式、经济结构发生了很大的变化，再加上历史的原因，人口构成中“底部老化”的现象非常普遍，老年低收入者特别多，这是对中国的巨大挑战。本研究对丰富中国当前养老保险理论具有积极意义。

探讨建立养老保险体系的可持续发展问题。老龄社会的可持续发展问题，可以从国家、社会和公民个人三个方面去理解。从国家层面看，如果老龄化让其失去继续发展所倚重的劳动力大军后，丧失竞争力，那么这个国家在世界强国中的地位会受到很大的影响。日本就是典型的例子，中国要避免重蹈覆辙。从社会的角度看，如果老龄化后社会事业和经济建设没有及时转型，相关的产业发展就会受到影响，社会活力渐失。就个人而言，公民在年轻有劳动能力的时候可以有收入维持生活，年老丧失劳动能力后，生活水平大幅下降，甚至陷入贫困，特别是像中国这样的大国，城乡都有大量贫困老人，将是十分严重的社会问题，发展的可持续性会落空。为了避免这种情况的出现，必须建立完善的养老金组合制度和体系，处理好公平与效率的关系，在保公平、保基本的基础上，利用市场效率推动企业年金基金的发展壮大和保

---

① 牛海，李洁明．论制约我国企业年金发展的主要障碍及对策［J］．江西财经大学学报，2010（5）．

值增值，使养老金的发展具有可持续性。

丰富和谐社会建设新理念。我国老年社会建设的目标是“老有所养”“老有所乐”“老有所学”“老有所教”“老有所为”，让老年人的生活体面、有尊严。只有这一目标达到了，老龄化条件下和谐社会的建设才不是一句空话。不过，随着我国企业职工基本养老保险替代率的不断下降，城市老年人的生活水平也会逐渐下降。另外，大量的农村老人陷入贫困，它们既没有足够的养老金，也没有传统意义上的家庭赡养。现在正值劳动年龄的劳动力大军，退休后也可能面临这样的窘境。上述情形是对和谐理念的新挑战。探索建立符合中国实际的企业年金制度，对缓解这种状况，建设和谐的老龄社会意义重大。

（二）现实意义

有利于解决基本养老保险的隐性债务问题，建立多层次养老保障体系。解决基本养老金债务的途径有两条，一是扩大征缴面，二是降低替代率。目前，我国人口红利还可以持续一段时间，劳动年龄人口比较多，可有效利用这一优势，一方面可以提高劳动年龄人员对基本养老保险的参与率，加强基本养老保险缴费的征缴工作，以增加社会统筹部分的积累，降低企业基本养老保险的隐形债务。与此同时，现在启动年金计划，可适时降低部分年龄段人口将来领取基本养老金的替代率，减轻未来基本养老金的支付压力，同时为企业年金的发展让出部分空间，让企业和员工个人为员工将来的养老多一种选择，也可承担更多的责任，可谓一举两得。

有利于缩小退休收入差距，促进社会公平。在当前中国的基本养老保险制度转型过程中，企业退休人员与机关事业单位退休人员的养老金收入差距在扩大，有必要发展年金计划来补充企业职工退休收入，促进社会公平。根据杨帆等（2007）学者的测算，我国企退人员 2005 年时年人均养老金为 8568 元，同期，事业单位退休人员养老金为 16152 元，机关单位退休人员养老金为 17628 元。[①] 这种差距在近几年并没有明显减小。企业退休员工的平均退休金只有行政事业单位人员平均退休金的一半左右。企业是社会财富的创造者，企业员工为企业和社会创造财富，如果让社会财富的主要创造群体退休后成为社会的“弱势群体”，这种制度安排需要变革，因为

① 杨帆，郑秉文. 中国企业年金发展报告［M］. 北京：中国劳动社会保障出版社，2008：p. 15 – 16.

其无助于我国社会的长期稳定发展。如果能够通过发展年金计划，提高企业退休人员的养老金收入，缩小不同单位离退休人员养老金水平的差距，提高数量巨大的企业退休人员的养老金水平，将有利于促进社会和谐，维护社会公平。

有利于提升员工对企业的忠诚度，提高企业的竞争力。当前世界经济正处于危机后的低谷，经济复苏需要中国更加重视消费需求，启动国内的消费需求以替代对出口的依赖。可以参考日本当年实施的国民收入倍增计划，结合当前我国正在准备推出的国民收入分配制度改革，适度提高劳动收入的比重。这正是增加劳动者的利益、建立企业年金、提高劳动生产率的好机会。一方面，增加对劳动者的保障可以让他们更放心地参与消费，实现消费和经济增长的良性循环。另一方面，补充养老保险的实行能提升员工对企业的忠诚度，激发员工为企业长远发展考虑的热情，提高企业的生产效率，增强企业的竞争力，推动生产方式、经济发展方式的转变。

有利于破解我国存在多年的城乡二元结构，推动城市化的进程。企业年金保险将淡化员工的户籍身份，不再以农民或市民的身份差异区别对待参保人，而是以工作岗位和贡献为基础，更加强调劳动者的劳动效率。这是与基本养老保险保基本、重公平的最大不同。参加企业年金的员工，可以通过自己较大的工作贡献、特殊的才能和人力资本为自己积累较多的年金，而不再由于农民、市民身份的不同，人为地造成像现行基本养老金那样的待遇差异，为员工将来长期稳定地在城市生活奠定基础，成为我国城市化的一个助推器。这也会在总体上提升我国的经济运行效率。

有利于我国资本市场的发展。资本市场与企业年金的发展可以相互促进。企业年金的安全性要求资本市场更加成熟、规范，而资本市场则需要企业年金这样大体量、大规模的机构投资者参与，用于稳定市场，进行长期投资、价值投资，优化投资结构，改善我国的融资结构，减少投机性投资者的负面影响，保证资本市场的长期稳定健康发展。

总之，多层次养老金计划的建设和完善意义十分重大。对于我国来讲，老龄化不只是人口结构上的变化，其对国家的经济发展、社会组织、人民精神状态等多方面都会带来重要影响。我国人口老龄化的速度非常快，这说明我国用来做准备的时间并不充足。根据联合国2007年的预测，在人口老龄化最快的阶段，我国60岁以上的老人只需要12年就可增加1亿人，而同样的时间内，很难保证我国的养老基金储备会有相对应的增长。人口专家估计中国的人口红利还有几年的时间，但几年的时间对于完善一个人口大国的养老保障制度而言却很短。考虑到我国现在的老年人口数几乎相当于整个欧洲的老年人口数，我国的综合国力与欧洲一些主要国家的实力相差不多，人口形势要求我国从现在开始着手准备应对老龄化，否则会积重难返。发展企业年金已到了刻不容缓的时候，必须有跨越式的发展。只有发展企业年金保险才可以使老年人的晚年生活多一份保障，生活水平不至于大幅度下降。显然，这是一项对家庭和睦、社会和谐、资源配置、经济协调、国家战略、民族复兴都具有重大理论和现实意义的伟大事业，企业年金制度的全面建立和发展完善，会从深层次改变中国的经济和社会事业的发展面貌。

四、研究的目标、内容和方法

（一）主要目标

探索如何建立一套促进企业年金特别是中小企业年金快速发展的动力机制。本研究基于鼓励多样性共存、现实性与前瞻性相结合的原则，积极探索促进企业年金快速发展的动力机制，把政府税惠政策的引导力、广大企业和员工的参与力、专业机构的执行力、市场机构的运作力、监管制度的风险控制力有效地结合起来，为企业年金保险的发展搭建一个安全、可靠、高效的运作平台，使广大中小企业有意愿建立企业年金计划，员工有积极性参与企业年金保险，为自己的将来进行储备和投资，相关专业机构有动力进行年金基金的管理和运营。通过多方努力，合作共赢，多渠道增加养老基金的储备和供应。

（二）基本内容

在中国企业年金发展的动力机制建设中，政府的引导力是基本前提，起到引擎的作用，是推动年金市场的首要动力。本研究首先着力于政府实行税惠政策的经济分析，论证政府可以较低的税费支出取得相当可观的年金积累和社会福利效应。在政府年金激励方面的法制完善、税惠政策等相关规定建立后，其他年金市场主体才会有积极性加入年金制度的建设和年金市场发展之中。论文依次通过对政府、企业、员工、资金运作机构等年金主体对年金供给与需求的分析，论证如何把政府政策转化为有效的年金商业运作模式，把政策的引导力转化为发展年金的市场动力，充分调动各年金主体的执行力和灵活参与市场的运作力，增强制度的风险控制力。本研究内容最重要的方面是，企业年金制度的建设要积极促进政府部门与私人部门建立良好的合作关系，有效运用政策引导力、企业的趋利性、员工的主动性、制度的保障力，把宏观的制度变迁和微观的机制设计有效结合起来，寻找多力汇聚的最优制度设计和结合点，保证企业年金各方利益的合作共赢，建立良好的政策引导和监管制度，促进年金市场的良好治理，诚信经营，透明管理，保证年金相关机构和市场的健全规范发展，形成年金保险的制度保障，推动我国企业年金市场健康持续发展，真正发挥养老保险第二支柱的功能。

（三）研究方法

本研究运用经济学、管理学、法学、人口学、保险学等学科的基本原理，理论联系实践，借鉴国际经验，立足中国实际，广泛阅读文献，进行对比分析，把定性研究与定量分析有机结合，既注重规范研究，又配合实证分析，从宏观与微观多角度展开，对发展企业年金的政策定位、经济效应、社会效应等方面进行多层次、多角度、全方位的系统研究，把理论探讨与对策研究紧密结合起来，最后从经济学的视角得出有说服力的研究成果。

五、主要观点

（一）使用综合研究的视角

国内外学者在研究该问题时，分别从政府政策、企业发展、员工选择、市场动力等方面进行论述，同时从这几个方面集中挖掘企业年金发展动力的研究比较少。本研究尝试着同时把这几个年金参与主体放在统一的框架内，进行综合分析研究，以企业年金的需求与供给为基本思路，分析各个年金主体的需求与供给特点，力图通过政策的引导和制度设计，把这几个主体发展企业年金的动力挖掘出来，形成我国发展年金制度的有效合力，开辟新的养老金积累来源，应对即将来临的老龄化高峰期养老金支付压力。

（二）提出过渡性的“阶梯 TEE”税惠制度

考虑到发展企业年金制度的迫切性，以及在现行的税制环境下推行“EET”年金优惠税收制度的复杂性，本研究提出我国可暂时在年金税制上实行过渡性“阶梯 TEE”税制，待条件成熟时再改为国际通行的 EET 税制。这样做不但照顾到了目前的税制改革的复杂性，也可提前启动发展我国年金制度的进程。

（三）提出成立中国专门的养老金监管机构的设想

中国的企业年金计划需要政府政策的全力推动。其他国家企业年金的发展是经历了长时期的自发发展后才由政策推动的，在中国特色的“未富先老”人口经济条件下，我国已经没有足够的时间去等待。我们建议成立专门的养老金管理机构，对全国范围内各层次的养老金及其发展问题进行分类监管，以促进各层次养老金的有序发展。发挥中国特有的体制优势，政府成立专门养老金监管机构，有力介入和协调管理全国各层次养老金，是本研究的一个特别建议。

（四）提出建立多种形式集合企业年金计划的方法

中小企业建立年金计划是我国企业年金发展过程中面临的难题，也是本研究讨论的重点问题。对此，本研究提出了新的解决办法：针对流动性强的行业和中小企业，依托工会或行业协会，组织某个地区内的相关企业建立共同的企业年金计划。计划主要采取 DC 模式，员工参加时以个人账户管理，流动时只要在同一地区同一行业就业，不必转移年金积累，可连续计算企业缴费部分，按工作年限获得一定比例的受益权；或者设定符合当前中国实际的受益权时间条件。让中小企业员工参加年金计划就像给储蓄卡“充值”一样方便灵活。

（五）提出进行“阶梯 TEE 制”企业年金税惠新制度试点的思路

国家可以考虑同时给几个老龄化程度比较高的地区“阶梯 TEE 制”税收优惠政策，进行企业年金计划试点。比如北京、上海、江苏等老龄化程度高、基本保险覆盖面比较广的地区可以先行试点，让几个地区形成良性竞争，积极探索应对老龄化的有效措施。

另外，本研究还认为，新实施的《企业年金基金管理办法》可以再大胆一点，等到经济发展进一步成熟，与国外资本市场接轨程度比较高之后，考虑进一步放宽企业年金基金的投资限制，准许一定比例的年金基金进行海外投资、投资房地产等实物资产，以提高回报率和收益率，增加年金基金保值增值的能力，增强年金计划对广大员工的吸引力。

六、研究思路和框架安排

本文按照政府引导、企业出力、员工参与的思路，提出在年金建立初期由政府主导和推动，待相关制度和市场基本形成后，逐渐形成企业和行业自我运行的有效激励机制，由企业、员工、中间服务机构共同协作，互相监督，推进中国企业年金建设和持续发展。确认企业是建立年金计划的最关键主体，但企业建设和发展年金计划的最初动力来源于政府减免税收的引导力，长久动力是高素质员工的流失压力，以及年金计划内含的长期人力资源管理效应。本研究正是按照这样的思路安排研究的基本框架。

具体内容安排如下：

导论。介绍本文的研究背景、意义和方法，说明研究的创新点，概括全篇的基本内容、思路和结构安排。

第一章：企业年金发展动力研究文献综述。先从宏观和整体的角度，介绍国内外关于企业年金发展动力的相关研究文献，说明研究现状，找准需要突破的问题，确定研究重点和方向。再根据每一章研究的重点问题，按顺序进行相关文献的评述。

第二章：我国企业年金发展现状分析。从我国企业年金制度现状和市场发展程度两个方面进行分析，指出制约我国企业年金市场发展的主要因素，包括优惠政策不明确、不具体、不到位，优惠政策没有系统化，起不到对各年金主体的有效激励作用，为下面的章节提出要讨论的问题。

第三章：企业年金发展的政府动力。从政府角度论证建立年金制度的社会经济效应。政府通过优惠的税收政策鼓励年金计划的发展，推动市场提供更多的年金产品，有利于健全我国的社会保障体系，解决基本养老金替代率走低的问题，为老年人的生活多提供一份保障。同时，年金基金的发展能够促进资本市场的成熟和健康发展，推动经济增长。从长远和综合效应看，发展企业年金计划，于国于民都是有利的，这就是政府对企业年金的需求动因。

第四章：企业年金发展的企业动力。企业发展的首要目标是追求自身利润最大化，从企业的角度看，建立年金计划也是为这一目标服务的。虽然"雇主责任说"认为雇主有责任为员工提供养老保险，但是，企业建立年金的首要动力仍然是想获得税惠政策带来的好处，把企业年金计划作为企业人力资源管理的一种手段，企业可以利用年金计划进行员工的调配和激励，这是企业在税惠条件下建立年金计划的最大动因。该章还介绍了国外中小企业年金发展模式，以资借鉴。

第五章：企业年金发展的员工动力。根据生命周期假说的分析，劳动者需要把自己的劳动收入均衡分配在整个生命周期，工作期间收入高时储蓄一些，可以为退休后准备更多的养老金。因此，员工参加年金计划是一项长远投资，不但可以获得储蓄的税收优惠，还能得到稳定的退休生活收入保障。同时，年金计划也是员工干好工作和进行投资的一种十分有效的激励手段。

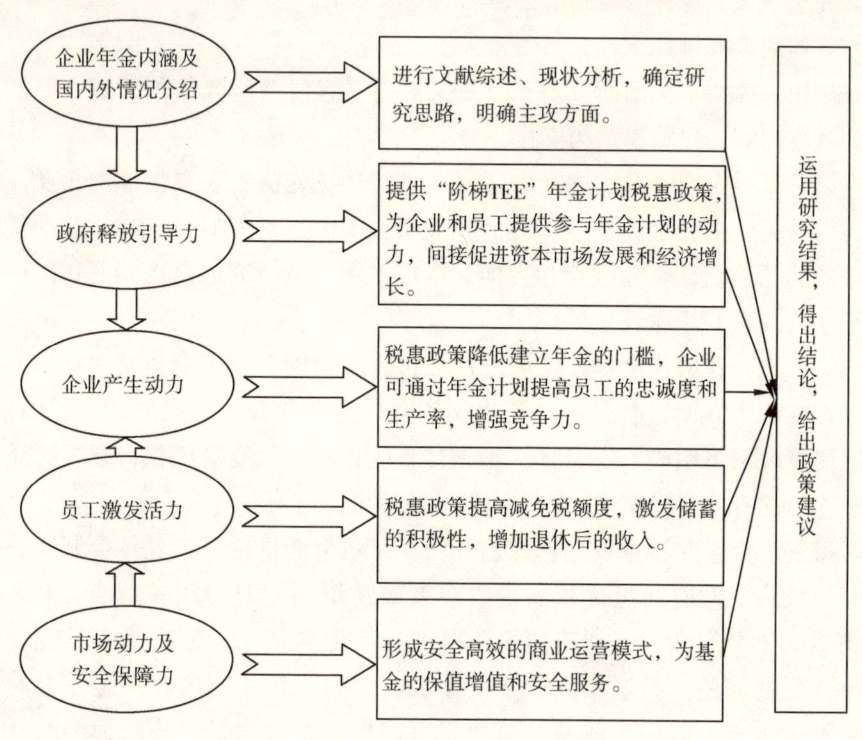

本书基本框架安排

第六章：企业年金发展的市场动力。从投资的角度看待企业年金的发展，需要金融市场有效商业模式的衔接，这是推动企业年金计划保值增值的关键。发达国家的企业年金基金数量庞大，投资收益较好，与资本市场成熟规范、资金使用效率高密切相关。我国必须大力促进资本市场的发育发展，为企业年金的发展创造良好的保值增值条件。

第七章：企业年金发展的安全保障力。世界各国对企业年金的态度是“事前自愿建立，事后严格规范”。一旦建立，管理将十分严格。企业年金具有私立性、自愿性、补充性和非互济性的特点，可以发挥补充养老、动员储蓄、福利激励和合理避税的功能。这些特点要求必须有一套严格有效的制度规范，进行运作监管和风险控制，以保证在安全性、流动性的前提下实现保值增值。

第八章：结论及下步研究方向。总结全书论述，得出研究的主要结论，提出本研究的政策建议，分析论证过程中的不足，说明下一步需要重点研究的方向和进行深入挖掘的主要问题。

第一章　企业年金发展动力研究文献综述

本章将进行企业年金发展动力研究的文献综述。第一节将梳理关于企业年金基础理论，由于在不同的国家企业年金有不同的称谓，管理体制也各异，所以在文献中对企业年金的名称和内涵略作辨析。在统一基本内涵的基础上，从国际比较的视角，整理相关学者对该问题的研究和探讨，分析评述他们的观点和论证，总结一些典型国家发展企业年金的动力来源。本章的文献综述首先关注贯穿全文主线的重要问题，以本研究所依据的基础理论和主体问题为重点进行整理和评述。而后再根据各章问题的研究需要，按照不同的问题进行分类评述，最后在结论部分交代已有文献与本研究的关系，给出本研究的重点和主攻方向。

第一节　企业年金的产生与发展

一、企业年金基础理论

关于企业年金产生和发展的理论探讨已经有上百年的历史，看待问题的角度不同，阐述的角度也各异。下面从微观和宏观两个方面去考察，微观方面有生命周期理论、人力资本折旧论、延期工资论、隐性合同论，宏观方面有政府父爱论、新自由主义论等。

莫迪利安尼（Fraco Modiliani）① 提出的生命周期理论推动了现代消费理论的发展，也为企业年金的发展提供了有力的理论分析基础。该理论强调应将老年人口的收入和消费维持在一个比较高的水平，为此，消费者需要在做长期储蓄与消费决策时，把一生所得收入适当地分配到每一期去消费和储蓄，

① Albert Ando and Franco Modigliani, The "Life Cycle" Hypothesis of Saving: Aggregate Implications and Tests [J]. The American Economic Review, Vol. 53, No. 1, Part 1 (Mar., 1963), pp. 55 - 84.

以达到一生消费效用最大化的目标。建立年金计划是实现这一目标的有效制度安排。

人力资本折旧论源于20世纪早期，这方面比较明确的观点是李·魏林·斯奎尔（Leewelling）①1912年提出的，他认为从社会经济发展的整体方面考虑，雇主没有这样的特权，即让一个雇员在某个行业中工作了5年、10年甚至40年后推向社会不管，让无力工作的老年雇员像海上的漂浮物般在社会上流浪。这种思想后来演化成为人力资本折旧理论，在美国得到广泛的认可。1949年，美国总统调查委员会在钢铁工人劳资纠纷的调查报告中也认为，②“在政府计划不够的情况下，所有的产业部门都有义务为工人提供医疗等福利以及老年退休的折旧——就像目前对厂房和机器所做的那样——以维持人力，这意味着必须以退休金或者退休生活补助等形式的收入来为人力的完全折旧提供保障”。虽然这一理论把人力比做机器折旧而饱受诟病，但后来人力资本投资理论的发展证实，员工到老年时边际产出下降，准备更多的养老金是必需的。

延期工资理论的主要观点是员工的全部薪酬与其边际产品相等。边际产品可以划分为两部分，一部分是现时工资加上可以马上兑现的其他各种福利，另一部分是企业年金权利。③企业年金是员工全部薪酬的一部分，是工资延期支付的权利。员工愿意接受这种延期支付的诱因是可以享受个人所得税免征或减征的优惠，还可以从积累的年金基金投资中获得相对于个人投资而言低风险、高收益的好处。延期工资理论能够比较好地解释企业年金缴费确定型计划中员工马上得到企业缴费部分权利的规定，但是无法完全解释部分权利渐进归属和待遇确定型计划养老金归属权的问题。

企业年金隐性合同理论出现于20世纪70年代的美国，1979年由布科豪瑟（Burkhauser）④在论文《老年工人接受企业年金的决策》中首次提出。该文突破了以往经济学者研究企业年金计划时仅考虑其对储蓄率影响等方面的局限，通过实证研究发现企业年金给付与员工退休年龄之间有一定的相互关

---

① 田埃弗里特·T. 艾伦，约瑟夫·J. 梅隆，杰里·S. 罗森布鲁姆，杰克·L. 范德海. 退休金计划［M］，北京：经济科学出版社，2003：p. 17.

② 田埃弗里特·T. 艾伦，约瑟夫·J. 梅隆，杰里·S. 罗森布鲁姆，杰克·L. 范德海. 退休金计划［M］. 北京：经济科学出版社，2003：p. 17.

③ 李春玲. 美国企业年金制度变迁研究［M］. 北京：知识产权出版社，2007：p. 55.

④ Ippolito，Richard A.，The Implict Pension Contract：Developments and New Directions［J］. Journal of Human Resoures，1987，Vol. 22，Issue3，pp. 441 -467.

系。1982年布罗（Bulow）[①] 的研究展现了企业年金与员工低离职率之间的关系。科特利科夫（Kotlikoff，1984）[②] 的研究表明，隐性合同模型下的薪酬特征与现货劳动力市场上的薪酬特征有所不同，隐性合同下，企业让工人在职业生涯早期接受低于其边际产出的现金工资收入，以建立包含企业年金延期支付在内的薪酬合同。该理论认为企业年金计划使劳动合同更加复杂化，年金计划与控制离职率、退休年龄等人力资源管理手段联系在一起，成为许多企业建立年金计划特别是DB型年金计划的一大动因。

企业年金计划首先是由企业自发发起的，政府政策的介入和大规模干预是20世纪70年代以后的事情，主要原因是西方主要国家的人口老龄化发展迅速。社会保障领域的政府父爱论就是对这种干预的有效解释。该理论认为公民的理性是有限的，政府应该强制或引导公民把收入平稳地分配到一生中的各个阶段进行理性消费，并建立相应的社会保障机制进行规范和管理。企业年金制度也正是政府发挥这样作用的手段之一，它以税收优惠的方式引导企业和员工为自己的未来进行储蓄。政府通过有目的、有意识的财政支出与收入来影响人们的行为，调节收入分配，从而实现社会养老责任的分担，达到社会福利最大化目标。

新自由主义倡导社会保障改革的私有化，为企业年金的发展提供宏观理论支撑。20世纪70年代以来，由于老龄化快速发展，各国政府管理的基本养老保险压力渐重，公共开支大幅增加，公共养老保险入不敷出。在这种状况下，欧美国家都不同程度地对原有的社会保障制度进行了改革，明显的趋势是推进私有化，由社会机构和个人更多地承担养老责任。其中最重要的改革措施之一是构建多层次养老保障体系，减轻基本养老保险的责任，鼓励发展企业职业年金制度，以降低社会基本养老保险的替代率。新自由主义者认为[③]，企业年金制度的大规模发展是其理论在社会保障改革实践中的运用。该理论是在西方国家政府承担社会保障压力越来越大的背景下再次兴起的，是在经济全球化竞争日趋激烈的环境中，政府和企业对高额社会保障税的反应使然。从当前金融经济危机的环境看，这一理论的提出契合了经济危机暴露

① Bulow, Jeremy I., What are Corporate Pension Liabilities [J]. Quarterly Journal of economics, Aug82, Vol. 97, Issue3, pp. 435-452.

② Laurence J. Kotlikoff, David A. Wise, The incentive effects of private pension plans [R]. National bureau of economic research, p. 1984.

③ 彭雪梅. 企业年金税收政策的研究 [M]. 成都：西南财经大学出版社，2005：p. 32.

出来的一些问题，有一定的社会经济基础。

二、企业年金基本内涵

企业年金的产生和发展早于公共年金，最初是发达国家一些有远见的企业家为本企业雇员设立的养老基金。由于是依靠企业家的自发自愿行为发展而来的，企业年金及其制度在各国的名称、起源、定位、发展程度、管理体制以及在养老金体系中的作用等都不尽相同。再考虑到各国的基本养老保险制度差别较大，对企业年金制度的称谓和制度安排不尽相同也是正常的。但从国内外的相关文献可以看出，学者们对企业年金内涵的界定没有本质的差别。著名养老金专家丹尼斯·E. 罗格（Dennis E. Logue）和杰克·雷德尔（Jack S. rader）[①]将企业年金定义为基本养老保险之外，经国家行政管理专门规范，企业和员工参与缴费，由专门机构管理与实施的补充养老保险计划。国际劳工组织（ILO）将企业年金定义为：承担一个家庭主要经济来源的工作者，在残疾、年老或死亡时，由国家社会保障制度提供的定期、长期的现金支付。

中国的企业年金发展只有二十多年的历史。国内学者从不同的角度对企业年金分别进行了界定，但基本内涵大同小异，没有实质差异，认可度还是比较高的。邓大松、刘昌平（2005）[②]从我国的实际情况出发，认为企业年金是国家组织建立的基本养老保险体制之外，通过政府政策的引导，鼓励企业与员工按照自身的经济承担能力与企业发展情况，在协商一致的基础上为本企业职工建立补充养老保险的一系列制度安排。年金制度独立于基本养老保险，运行模式与商业保险有较大差异，是现代各国追求的多支柱养老保险制度的重要组成部分，能够起到补充基本养老保险体系的重要作用。2004 年，我国颁布了《企业年金试行办法》[③]，把企业年金定位于对已经发展起来的覆盖面更广泛的职工基本养老保险的补充。《企业年金试行办法》突出了年金计划的自愿性，强调由企业与职工双方自愿决定是否建立年金计划。而基本养老保险有强制性，企业及职工无权选择是否参加，但企业年金则是企业及职工在自主、自愿的前提下建立的，作为两个平等的法律主体，员工和企业双

① Logue, D. E. and J. S. Rader, Managing pension plans: A comprehensive guide to improving plan performance [M]. 1998, Boston, Mass: Harvard Business School Press.

② 邓大松，刘昌平. 中国企业年金制度若干问题研究［J］. 经济评论，2003（6）.

③ 劳社部发〔2004〕20 号文件：《企业年金试行办法》.

方必须达成合意，才能够决定是否建立企业年金计划。

根据上述对年金内涵的不同表述，本研究求同存异，从这些年金计划的共同基本特征——补充养老金性质出发，不管是强制还是自愿，只要它们独立于公共年金存在，享受国家税收优惠待遇，且由企业或企业和个人共同缴费为雇员建立养老基金，分担社会养老责任，实行基金积累制个人账户，具有这些基本特征的各国不同称谓的私人养老金计划、职业年金、超级年金等养老金计划统称企业年金计划，都把它们归入我们认可的企业年金的类别，相关的制度与管理规范都等同于企业年金制度看待。这样宽泛的界定有利于抛开对具体称谓的争论，让本研究在考察国外企业年金发展动力的基础上，集中精力重点挖掘我国发展企业年金的动力之源。

三、企业年金的分类

企业年金的类型有很多种，依据不同的标准可以划分为多种类型。按照法律对企业的强制程度不同，可以把企业年金划分为自愿性年金和强制性年金两类（邓大松 2005）。①其中自愿性年金计划最为典型的代表是美国、英国等国家，法律规定了私人养老金计划的基本规则和政策，企业选择自愿参加，不过一旦决定参加就要严格遵守规定，按照政府制定的规则操作；具体的实施办法、待遇确定、基金运作管理模式由企业自主选择；雇员缴费与否也凭自愿。强制性企业年金计划以法国、澳大利亚等国为典型代表，这些国家通过立法来强制企业建立年金计划，所有企业主必须为雇员投保；相关的待遇确定、基金运作模式、筹资办法等完全由国家法律和政策规定。

按照养老金待遇计发标准来区分，企业年金计划还可划分为缴费确定型计划（DC）和待遇确定型计划（DB）两大类型（邓大松 2005）。②缴费确定型计划以年金的个人账户为核心，由企业和职工按事先约定的比例定期缴费，职工到退休年龄时，领取的年金养老金水平就由年金基金中的缴费积累规模和投资运作收益来确定。DC 计划的主要特征是：计划运作简便易行，财务管理比较透明；缴费水平由企业自身掌握，可以按照企业经营状况作适时的改变；（多数国家）给予企业与职工双方缴费时免税，投资收益也给予税收减免优惠；员工个人承担所有投资运作风险，企业主不再承担超过规定缴费的其

① 邓大松，刘昌平．中国企业年金制度研究［M］．北京：人民出版社，2005：p. 32.

② 邓大松，刘昌平．中国企业年金制度研究［M］．北京：人民出版社，2005：p. 32.

他义务。DB 计划的主要特征是：为保证员工获得一定水平的年金养老金，需要运用保险精算手段确定相应的收入替代率；年金基金的积累情况要根据工资增长水平进行适时调整，以保持相对应的关系；从年金基金积累到领取阶段的全部风险都由企业主承担，因此，该类计划需要再保险。

四、企业年金制度定位

发展年金计划，完善企业年金制度，需要确定其目标与作用，也就是制度定位问题。首先是企业年金制度与基本（公共）养老保险制度之间的养老责任划分问题，第二个方面是企业年金制度在国家整个养老保障体系中处在什么样的地位，发挥何种作用。

关于企业年金与基本养老保险的关系，世界银行 1994 年在《防止老龄危机：保护老年人和促进增长的政策》（Averting the Old Age Crisis：Policies to Protect the Old and Promote Growth）的报告中进行了划分，[①] 该报告从养老金的管理主体、法律对参与者的约束方式等角度把养老金体系划分为三个支柱：第一支柱为公共年金，由法律强制建立，以政府税收进行筹资支付，由公共管理部门负责管理；第二支柱为私营养老金计划，由法律强制私人（包括企业主和雇员）缴款，私营的社会专业机构负责管理，实行完全积累制运作模式；第三支柱是指商业养老保险业务及其市场运行制度。通过比较与界定，把企业年金制度定位在第二支柱的范畴中，起到对第一支柱——基本养老保险的补充作用。三支柱共同应对养老压力，保证老年人生活水平不至于下降太多。

国内一些学者的研究结果认为，退休人员的养老金替代率达到 70% - 80% 的水平，就能够基本保证退休者的生活维持在相对较高的水平。研究者们还根据三支柱养老体系的思想，对替代率的构成进行了分解，认为如果 80% 的替代率中，基本养老保险、企业年金、商业养老保险三者的比例调整为 40%、30%、10% 的水平，就是比较理想的三支柱体系（王贞琼，2004）。[②]。我国基本养老金的替代率 2003 年约为 70% 左右（赵曼 2004）。[③]但是近几年来一直处于下降趋势，2010 年替代率已经下降到 45% 左右（牛海，

① 世界银行：防止老龄危机——保护老年人和促进增长的政策［M］. 北京：中国财政经济出版社，1997：p. 9.

② 王贞琼. 中国企业年金制度的比较与启示［J］. 江汉论坛，2004（5）.

③ 赵曼. 企业年金制度构建及其治理结构［J］. 理论月刊，2004（8）.

2012)。这样的替代率水平还是在我国基本养老保险缴费率很高（大部分省市28%，个别省市30%）的情况下勉强达到的。企业的负担很重，企业退休人员的生活水平又不高。因此，引导各类企业发展年金计划，进而降低国家基本养老保险制度的压力是十分必要的。让基本养老保险保证退休者的基本生活，再通过企业年金计划来补充和提高退休者的生活水平。学者们普遍认为，中国要把目前水平的企业基本养老保险扩展到全国是有困难的，因为我国各类人员的基本养老保险存在巨大的差距。农民、农民工、企业职工和机关事业单位人员各自都有一套制度规则，本来就存在很大的不同。要转移接续就需要统一的标准，有统一的标准就需要有差不多的水平。因此，在低替代率的趋势下，大力发展企业年金是必然选择。

关于现阶段是否可以在我国以税惠支持的方式大力发展企业年金，许多学者持肯定的看法。杨立雄（2009）① 认为，建立社会保障制度要依赖发展阶段的观点有待商榷。社会保障制度并非要等到经济发展到一定水平才可以建立，任何时候都可以建立，我国已经建立了各种各样的保障制度，特别是救灾制度是非常完善的，很多制度都是从救灾制度演变过来的，包括一些救助，各种社会慈善，政府不应该找借口说我们还没有发展到哪个程度就不去建立。中国现在正迈入老龄社会，如果没有一个补充的机制，未来社会养老的负担是很重的。丁纯（2009）② 强调建立一项社会保障制度需要三个条件：一是要达成共识；二是经济条件许可；三是利益如何分配。笔者认为这三个条件运用到发展年金方面，最缺的就是共识。政府在发展年金制度中的职能主要有两个：第一，制度设计；第二，财政保障。制度设计，必须要有一个理念，必须有好的理念才能设计出一套有生命力、可持续的制度。社保改革的理念逐渐在转变，向全民保障转型，所以制度设计相应地也要发生变化。第二个就是财政责任，发展企业年金，只需要政府在税收和相关配套政策上给予优惠，我国财政收入现在完全有这个能力，应该为建立多层次的社保体系做出贡献。

改革基本养老保险，发展企业年金，有必要对政府与市场的关系进行合理定位，正确处理好政府与市场、公平与效率的关系，促进政府与市场间的

① 杨立雄. 中国社会保障应该统一［EB］. 2009. http://business. sohu. com.

② 丁纯. 德英两国医疗保障模式比较分析：俾斯麦模式和贝弗里奇模式［J］. 财经论丛，2009（1）.

良性互动。

政府负责基本养老保险方面的财政支持与综合管理，把企业年金计划的建立、年金基金的投资运营和个人账户的管理等职能分散给市场运作（杨帆，2008）。[①]研究者倾向于政策引导、市场为主的企业年金发展体制，强调政府首先需要做好基本养老保险的管理与服务工作，在年金发展问题上要转变职能，建立年金市场规则，形成科学规范的企业年金治理结构，以充分调动社会机构与年金相关服务机构的积极性，为年金计划市场化运作创造良好的制度环境。

制度定位还涉及年金计划的类型与管理体制。国内外对企业年金设立的条件和类型也有多种规定。在企业年金计划建立的条件方面，其他国家的规定与我国有一定的区别，最主要的不同是其他国家不以参加基本养老保险为前提。因为他们的基本养老保险大多是以社会保障税的方式征收，所以企业不会面临为基本养老保险缴费后，再出资设立企业年金的问题。而在我国，企业建立年金计划是有前提条件的，这些门槛条件有：首先，该企业已经参加了基本养老保险并依法足额按时缴费；其次，建立年金计划的企业必须管理基础较好，各项民主管理制度比较健全；第三，该企业近年来的经营状况相对平稳，经济情况较好。

多数学者认为，不同的社会制度环境下，企业年金的管理体制不同是必然的。殷俊（2008）[②]总结了各种体制：①建立在养老保险制度下的企业年金，缴费有一定的强制性，由政府或其授权机构直接管理。②以商业养老保险制度模式运营的企业年金计划，具有建立的自愿性、运行的自主性特点，由市场专业机构管理运营。③企业自办的年金，承担主体是企业，这种企业自主管理的年金计划适用于大型企业。④由行业协会组织建立的年金计划，适合于行业内的众多中小型企业参加，由该行业协会负责组织管理。上述总结基本概括了当今世界主要国家的年金管理与运营体制模式，各个国家和地区可根据自身的特点和发展阶段，有针对性地选择适合本国本地区的企业年金管理制度。

企业年金在西方国家发展已经比较成熟了，参加的人员比较多，覆盖面

① 杨帆．中国企业年金发展报告［M］．北京：中国劳动社会保障出版社，2008：p. 14 - 20.

② 殷俊．中国企业年金计划设计与制度创新研究［M］．北京：人民出版社，2008：p. 82 - 117.

比较广，例如在法国[①]，退休金名目繁多，平均每个退休者加入2.8种保险，即1.6种基本制度和1.2种补充制度。强制性补充制度共有400多个。法国退休制度的主要特点是针对工薪者、高级管理人员和一般管理人员的强制补充保险原则。以上可以看出，法国的强制性补充制度与基本养老制度一起构成了多层次的退休金制度。

五、我国的企业年金制度

研究我国年金制度的文献很丰富。研究者以2004年5月1日《企业年金试行办法》实行为标志，把我国企业年金制度的发展历程分为两个大的不同时期，之前为探索时期，之后为发展时期（杨帆等，2007）。[②]在探索时期，《中国企业年金制度与管理规范》课题组（2002）[③]对建立和发展中国的企业年金制度做了十分重要的工作。他们的研究从中国企业年金的立法主体、年金计划方案设计、年金计划筹资水平、年金计划支付水平精算、年金计划整体制度的建立与运行、企业年金计划各个业务流程管理、年金管理机构资质的认定与监督、年金信息系统建设等方面做出了奠基性贡献。随后，原劳动和社会保障部社会保险研究所等（2003）[④]组织的《中国企业年金财税政策与运行》课题组又对我国年金制度的财税政策、会计制度、运行监督等方面进行了论证和研究。上述两项研究工作为随后（2004年）推出关于我国企业年金制度的基本规范，做出了理论指引、实证分析和政策建议，直接推动了《企业年金试行办法》《企业年金基金管理试行办法》这两个年金制度基础性法规的诞生。

养老保险的运行体系有两大标准，美国经济学家马丁·费尔德斯坦、杰费里·李伯曼（Feldstein and Liebman）[⑤]在他们的论文《社会保障》（Social Security）中给出了区分养老保险体系的两大标准。）第一个标准以养老保险待遇计发方式分为待遇确定型（DB）和缴费确定型（DC）；第二个标准以养老基金的资金来源方式分为基金积累制和现收现付制。我国基本养老保险制

① ［法］卡特琳·米尔斯，郑秉文译，社会保障经济学［M］．北京：法律出版社，2003：p. 28.

② 杨帆等．中国企业年金发展报告．北京：中国劳动社会保障出版社，2007：p. 1－14.

③ 劳动保障部社会保险研究所．中国企业年金制度与管理规范［M］．北京：中国劳动社会保障出版社，2002：p. 23－163.

④ 劳动保障部社会保险研究所．中国企业年金财税政策与运行［M］．北京：中国劳动社会保障出版社，2003：p. 13－155.

⑤ Feldstein，M. and Jeffery B. Liebman，2011，Social Security［R］NBER WorkingPaper NO. 8451.

度是待遇确定型现收现付制，企业年金计划则实行缴费确定型的个人账户制，进行完全积累管理模式。与个人账户制紧密联系的一项管理制度就是，个人账户积累的资金如何管理和运作，这一点十分重要，因为年金基金只有通过专业机构的投资运行管理产生较高的收益，基金积累制才能长期生存和发展下去。年金基金积累起来以后，如何进行运作，也就是运作模式的选择问题。总结国际上的情况发现，世界各国的模式不尽相同，有信托基金模式、基金会模式、契约型基金模式、公司型基金模式等。郑秉文（2004）①、李娟（2006）②通过比较信托型年金基金管理模式的优缺点后，认为根据我国目前的资本市场运行情况，考虑到我国经济的整体环境要求，我国年金基金应选择以信托基金型为主要发展模式。

第二节　企业年金发展动力

关于企业年金总体的发展动力问题，国内外学者从不同的角度进行了研究和探讨。国外学者对这个问题研究得比较早，成果也多。政治经济学派主要从社会的公平和正义角度研究企业年金制度。新马克思主义者约翰·B. 威廉姆斯等（John B. Williamson etc，1993）③把企业年金的产生和发展归结为劳动者和资本家之间的斗争，提出是因为社会民主力量导致社会福利增加。新古典经济学派强调社会保障的内在机制与经济效率。费尔德斯坦（Feldstein，1996）、④科特利科夫（Kotlikoff，1998）⑤ 等认为，建立基金制养老金制度能够提高一个经济体的总储蓄水平，获得远高于劳动力和工资增长率的资本回报率，可在解决现收现付制财务危机的同时，有助于雇员合理积累以实现老年消费最优化。该学派对企业年金的研究集中反映在“生命周期假说”“交叠世代模型”“商业权益理论”“延期工资理论”等理论中，它们从不同的角度

① 郑秉文. 信托型年金制度为首选［J］. 数学财富，2004（5）.

② 李娟. 企业年金运作模式的国际比较及我国的选择［J］. 企业发展，2006（11）.

③ Williamson, J. B. and F. C. Pampel, Old - age security in comparative perspective［M］. 1993: Oxford University Press, USA.

④ Feldstein, M. , The missing piece in policy analysis: social security reform［J］. The American Economic Review, 1996. 86（2）: pp. 1 - 14.

⑤ Kotlikoff, L. J. , K. A. Smetters and J. Walliser, Social security: privatization and progressivity［J］. American Economic Review, 1998. 88（2）: pp. 137 - 141.

阐述了企业年金产生的原因，奠定了企业年金制度的理论基础。国内涉及企业年金产生原因的相关研究，大多都引用国外的这些理论加以说明。①

国内关于企业年金发展的研究大体可归结为发展历程综述、制度框架建设、现状与前景、国际经验及启示等方面。杨帆等（2008）认为中国的企业年金发展经过了“两个时期、五个阶段”。郑秉文（2008）认为2004年后企业年金制度建设的框架基本成型。②王延中等（2005）③借鉴国际经验，分析了企业年金税收政策的几种类型，认为采用EET④模式有助于企业年金市场的快速发展。孟芗（2005）⑤总结发现，企业年金的发展现状并不乐观，出现了“三热”“三冷”的局面：从执行系统看，是上面热、下面冷，从运作系统看，是机构热、企业冷，从政策层面看，是市场热、源头冷。总体来看，国内的研究在制度分析、国外经验介绍、现状描述后，开始挖掘我国企业年金市场发展的动力之源。⑥

一、外部动因：政府与市场

政府在发展企业年金计划中的地位与作用是什么？这是税收优惠政策的间接推动。1950年代以来，世界主要国家企业年金制度快速发展的重要推动力就是来自于政府所给的税收优惠激励。国内外众多学者的研究都说明了这一点。

（一）政府税惠政策推动年金计划的普遍建立与发展

国外的研究认为政府的推动起到很大的作用。艾伦·布兰德（Alan Bli-

---

① 牛海，汤建光．我国企业年金发展面临的难题探究［J］．经济问题探索，2011（2）．

② 杨帆，郑秉文．中国企业年金发展报告［M］．北京：中国劳动社会保障出版社．2008：p. 1－14.

③ 王延中，龚贻生，段家喜．企业年金市场：国际经验及中国前景［J］．中国金融，2005（20）．

④ 企业年金运作过程有三个环节涉及税收，即缴费、投资运作和领取。在各环节都可能征税（Tax）或免税（Exempt），这样就有不同的组合模式。EET是在缴费阶段免除企业所得税和个人所得税，在投资收益阶段免税，在领取阶段根据不同的领取方式适用不同的税率。详情见本章第6节。

⑤ 孟芗．企业年金三冷三热，统一税制何时出台［N］．21世纪经济报道，2005－06－30.

⑥ 牛海，李洁明．论制约我国企业年金发展的主要障碍及对策［J］．江西财经大学学报，2010（5）．

and，1980）①和艾利西亚·芒内尔（Alicia Munnell，1982）② 认为，上世纪70年代以来，美国、英国等国企业年金制度快速发展的推动力来自政府给予的税收优惠。美国1974年通过的《雇员退休收入保障法》和后来的401（k）计划推动了企业年金计划的大幅增长。英国的职业年金计划也在政府的鼓励下快速发展。在关键的税收优惠制度刺激下，发达国家充分利用经济发展水平高、制度完善、资本市场成熟等有利条件，形成推动企业年金发展的合力。③ 相关研究在此不再赘述。Richard Ippolito（1986）④ 认为企业年金计划是进行延税和避税的一个有效工具。正是由于企业年金带来的税收优惠，学者们认为企业年金问题实际上也可以看作是公共财政问题。从公司理财的角度来看，有国外学者认为企业年金在公司理财中的独特吸引力在于税收优惠，待遇确定型计划要支付的退休金可以看作是公司的负债，而积累的基金可以看作是公司的资产，由于企业的缴费和投资收益都可以免税，所以大多数企业在理财时都会充分利用这一优惠政策。

国内的相关研究也证明了税惠政策的重要性。但是，政府在推动年金计划的发展时，究竟实施什么样的税惠政策，具体的税惠是否真正落实到个人身上，是要重点关注的。具体来说，对企业年金发展主体三个环节即缴费、投资和领取哪个方面实行税收优惠，是怎样进行税收优惠组合的？这种组合怎样才既能推动企业年金制度的发展，又能最大限度地减少政府税收的流失？林东海、林惠华（2007）⑤ 用净现值法比较了企业年金在不同税收优惠政策下所得到的不同收益，发现各种税收优惠政策所产生的税惠收益差别是比较明显的。鉴于我国目前还没有全国统一的针对企业年金计划的税惠政策，现有规定对各年金计划主体的激励程度不够，他们认为实行EET税惠制度是比较理想的选择，但具体的优惠幅度需要考虑国家的财政承受力。刘云龙等人（2002）⑥ 通过计算发现，使用税惠政策引导企业发展年金计划，是一项低成本的政策选择。他们以2001年的数据为基础，假设当年对企业年金计划实行

---

① Gordon，R. H. and A. S. Blinder，Market wages，reservation wages，and retirement decisions［J］．Journal of Public Economics，1980. 14（2）：pp. 277－308.

② Munnell，A. H.．The economics of private pensions［M］．1982：Brookings Inst Pr.

③ 牛海，汤建光．我国企业年金发展面临的难题探究［J］．经济问题探索2011（2）．

④ Richard Ippolito：The economic burden of corporate pension liabilities［J］，Financial Analysts Journal，Vol. 42，No. 1，Jan. － Feb.，1986，pp. 22－34.

⑤ 林东海，林惠华．不同税收优惠体制下企业年金计算与分析［J］．税务研究，2007（10）．

⑥ 刘云龙，姚枝仲，傅安平．中国企业年金发展与税惠政策支持［J］．管理世界，2002（4）．

税收优惠，同期减少的税收收入只有124亿元，只占到当年财税收入总额的1%左右，但政策激励的效果却十分明显，企业年金基金积累额将达到416亿－540亿元的规模。张小云（2003）[①]、朱青（2003）[②]等人也强调，经济合作与发展组织国家的实践经验表明，企业年金计划的基金积累量与政府的税惠政策支持有着明显的相关性。目前，世界上绝大多数发达国家都对企业年金计划给予税收上的优惠，即实行EET税惠模式。这些学者普遍提出建议，希望改革我国目前企业年金的税收制度，把当前的税制模式改为国际流行的EET税惠模式。

原劳动和社会保障部社会保险研究所、太平人寿联合课题组出版的研究报告《中国企业年金财税政策与运行》[③]，根据基本养老保险与年金计划的运行模式，在一定假设条件下通过测算发现，如果从2003年开始，企业职工缴费8%存入年金计划，积累到2020年时将形成相当可观的年金基金规模。期间，年金基金历年的收入与支出的平均增速为14.7%和36%，而相同时期企业基本养老保险收入与支出的平均增速为12.2%和8.9%。很明确，企业年金的增速与积累额均高于基本养老保险，这一点非常直观地说明企业年金计划运作机制的优势，它是完全可以发展为养老保险的第二支柱的。该研究还表明，不管是实施年金税惠政策的初期，还是经过一段时间的发展，年金基金的积累量一直是税收减少量的5－6倍，这说明政府每给予1元的税收优惠，企业年金基金积累将会同比增加5－6元。[④]王延中等（2005）比较了目前世界上实行的年金计划税惠政策的类型，主要有EET、ETT、TEE、TTE四种模式。实行EET税惠制度的国家在缴费环节、投资收益环节免税，在养老金领取时收税。实行TEE税制是对缴费环节征税，对年金基金的投资收益和养老金领取阶段免税。其中EET税制是世界上大多数企业年金发展较好的国家所采取的主流税惠制度。虽然该种税惠模式会减少政府当期的部分税收，但从长远看，EET税制有利于在年金计划设立的初始时期给企业和员工以激励，把年金税收优惠政策的"引擎"作用更早地发挥出来，以促进企业年金计划更早建立和发展。相比较而言，TEE税制虽然能够增加政府的当前税收额度，

① 张小云．补充养老保险税收政策的国际比较分析及其借鉴［J］．财政研究，2003（9）．

② 朱青．国外企业年金计划的税收制度及启示［J］．海外税收，2003（8）．

③ 原劳动和保障部社会保险研究所．中国企业年金财税政策与运行［M］．北京：中国劳动社会保障出版社，2003：p. 81－82.

④ 杨怡．中国企业年金投资运作模式研究［D］．上海：复旦大学，2010.

但该税制要求在缴费阶段就要征税，打击了企业与员工自愿建立年金计划的积极性，不利于年金市场的快速发展。因此，当今世界许多发达国家普遍推行 EET 制税惠模式，并取得很好的效果。相对而言只有少数几个国家实行了 TEE 税惠制度。①

（二）资本市场的增值效应支撑年金计划的持续运作

戴维斯（Davis1995）②、博迪（bodie and Davis2000）③在自己的研究中分别发现，年金计划缴费形成的年金基金，要通过投资和增值为受益人提供将来的养老金待遇。退休时养老金领取的水平在很大程度上取决于（这里指缴费确定型企业年金计划）资本市场的投资回报率。缴费确定型养老金计划的参与者希望通过购买年金，达到将来替代率最大化的目标，这就要求年金基金的资产配置以及相应的资产回报水平和风险期望都能够匹配，甚至超过当年平均劳动收入增长率。因此，年金基金还必须关注能够抵御通货膨胀风险的房地产和股票，进行这些方面的适度投资。当然，戴维斯（Davis. E. P2000）④强调年金基金进行投资时，要和其他基金一样，通过最有效的投资组合，设定分散的资产组合配置，实现风险和回报的最优均衡。资产配置的有效组合边界是达到最优风险和回报水平的前提条件。这里的有效边界就是在不增加风险的情况下无法再增加回报，或者不减少回报就不能再降低风险。假设一项投资组合还能在不增加风险的前提下提高回报，那么该组合就不是有效组合。风险与回报的实际平衡取决于投资者的目标、偏好和约束。布雷克（Blake1997）⑤指出，为了在有效边界组合中选择最恰当的一个组合，必须确定参加者的风险承受力，可承受高风险的投资者，退休时年金资产的预期价值就大，年龄偏大的员工在临近退休时，需要基金把一部分资产调整为低风险的资产，降低因市场波动而造成的风险。另外，养老基金管理公司的收费水平也是影响年金市场动力的重要因素，沃特豪斯（White-

① 王延中等．企业年金市场，国际经验及中国前景［J］．中国金融，2005（20）．

② Davis E P，Pension funds，retirement – income security and captial markets – an international perspective［M］．Oxford University Press. 1995.

③ Bodie Z and Davis E P，The Foundations of Pension Finance［R］．Edward Elgar. 2000.

④ Davis E P，Regulation of private pensions，a case study if the UK［R］．Working paper No PI – 2009，The Pensions Institute，Birkbeck College，London and forthcoming in Revue d'Economie Finance. 2000.

⑤ Blake. D，pension funds and capitals markets［R］．Discussion Paper No PI – 9706，The pension Institute，Birkbeck College，London. 1997.

house2000b）[1] 根据 Walford 1998 年的数据，总结计算了英国个人养老金计划的缴费方式和比率，发现共有固定年费制、按缴费比例收费、按资产比例收费三种形式，费用的比例也各不相同，但总体上处于下降趋势。平均收费率由 1989 年的 27.6% 下降到 1998 年的 23.7%。另外，国际劳工组织专家科林·吉列恩（2002）[2] 等强调：一国要建立和发展基金积累制养老保险制度，前提条件是必须加强制度规范建设和监督管理，建立起真正公开透明、运行健康有序的资本市场，严格防范年金基金可能遭受到的各种欺诈和风险。

利用资本市场促进企业年金基金的发展，国内学者对此抱有很高的期望，也是他们力荐发展基金制企业年金制度的主要理由。殷俊（2008）[3]强调采用完全积累制的企业年金计划需要资本市场的支撑，相应地，企业年金计划的广泛建立和发展也能够推动资本市场的稳定发展。李绍光（1998）[4]认为通过资本市场进行保值增值，恰恰是基金制企业年金计划能够生存持续下去的一个重要条件。在市场经济条件下，私营管理的完全积累制养老保险具有经济上的优势，它可以刺激资本市场的发展。其实，多方研究表明，企业年金制度与资本市场是协调发展的。资本市场不发达与企业年金不发达是一枚硬币的两个侧面，它们存有互动关系。郑秉文（2009）[5]强调资本市场不发达会影响建立企业年金的信心，但同时企业年金不发达又是导致资本市场不成熟的重要原因之一。

企业年金的性质决定了其资金投资的天然长期性，而不是投机性资金。没有企业年金参与的资本市场将缺少一个长期、稳定、大体量的机构投资者；同时，如果没有来自资本市场的回报，年金基金将给人以无本之源的担忧，可能面临贬值的压力和萎缩的困境。因此，资本市场的增值能力是年金基金发展的重要源泉，利用资本市场增值是年金基金吸引人的一大优势。但目前在我国，由于资本市场存在的问题比较多，风险较大，非常不利于年金计划的建立和年金基金的发展壮大。具体表现在（邓大松，2005）[6]：我国的资本

---

① Whitehouse, E, R, The value of pension entitlements: an illustrative model of nine OECD countries [R]. mineo., OECD, Paris. 2000b.

② 科林·吉列恩．全球养老保障——改革与发展［M］．北京：中国社会保障出版社，2002：p. 37－56.

③ 殷俊．中国企业年金计划设计与制度创新研究［M］．北京：人民出版社，2008：p. 163.

④ 李绍光．养老金制度与资本市场［M］．北京：中国发展出版社，1998：p. 105.

⑤ 郑秉文．2009 金融危机："社保新政"与扩大内需［J］．社科院研究生学报，2010（1）．

⑥ 邓大松，刘昌平．中国企业年金制度研究［M］．北京：人民出版社，2005：p. 16－47.

市场投机风气太盛，资产价格的波动常常非常剧烈，相对于企业年金基金的安全性，资本市场的风险确实太高；资本市场中蕴含的系统性风险高，投资者无法通过多种组合投资获取稳定且较可观的收益；信息不对称问题突出，信息披露制度不健全。这些不足严重地阻碍了企业年金基金向资本市场投资的信心和积极性，也造成年金基金积累量长期没有大的发展。①

显然，理论研究和实践经验都说明，企业年金基金的保值增值主要取决于资本市场的作用能否得到很好的发挥。2008 年全球金融危机之前，许多国家私人养老基金的投资收益非常可观，其中表现最突出的澳大利亚、美国等国私营养老基金的增值中，资本市场的贡献率超过 40%。②据美国 SPARK 机构的研究报告显示，401K 计划给美国股市注入了源源不断的资金和活力，成就了上世纪 80 年代以来接近 20 年的牛市。美国 1984 年至 2008 年间的相关数据表明，个人养老金年底的账户余额与当年道琼斯指数的相关性达到 0.98 的高度相关。这说明只有运行良好的资本市场才能保证年金基金的保值增值。

年金基金要进入资本市场实现保值增值的目的，一方面要看资本市场的成熟与规范程度，同时，年金基金投资管理的模式选择也非常重要。世界各国一般会按照企业年金基金发展水平、资本配置的市场化程度、经营管理的文化背景等条件选择适合自身的经营管理模式。林义（2000）提出，各国养老基金的管理模式主要分为三大类型：③第一种是由政府进行直接管理。养老基金的政策方向、制度建设以及投资管理办法等方面的规范，都由政府建立的专门部门负责制定和推行。新加坡、马来西亚等国采用这一模式。第二种类型是基金会管理型：由具有独立法人资格的信托基金管理养老金，再把基金委托给专业投资管理公司运营投资。这种模式由于决策权分散、容易投资到资本市场进行运作，所以比较适合制度规范健全、资本市场发达的美、英等国。第三种类型是专门养老金公司管理：每个养老金计划的参与者都拥有一个个人账户，个人可自由选择养老金管理公司。第三种模式由于直接针对个人服务，体现出较强的竞争性，养老金投资者能够获得较高的回报和良好的服务。但养老金公司在开拓市场方面的投资较多，运作成本较高。这种模式以智利为代表。我国《企业年金基金管理办法》明确企业年金可以委托专

① 牛海，汤建光．我国企业年金发展面临的难题探究［J］．经济问题探索 2011（2）．

② OECD PENSION AT GLANCE 2006.

③ 林义．社会保险基金管理［M］．北京：中国劳动保障出版社，2007：p. 32 – 47.

业机构进行管理，投资管理人进行投资运营。

为了有效地发挥市场的动力，实现企业年金的保值增值，研究者把投资管理的“组合理论”等投资资产的配置理论普遍运用于年金基金的投资管理之中。韩强（2005）[①]认为，投资管理是最重要的资产管理，是企业年金基金运营管理的核心。受托人应该主导年金基金的投资决策权，确定最基本的投资策略和资产配置。受托人要根据不同的年金计划需要，确定不同的年金基金投资目标，制定针对性的年金基金投资策略，这是受托人在年金基金的运营管理中最重要的职责。杨燕绥（2008）强调企业年金基金具有公益性的特征，“安全性”和“回报性”是对其进行投资运营的客观要求。企业年金资产投资管理也需要运用“组合”理论指导，既要分散投资风险，又要降低管理成本，选择不同风险种类和回报水平的各类金融工具进行投资。金融市场的发展也应该为养老金的组合投资创造更多条件。例如，近年来在欧美国家，基金业、信托业等现代金融服务方式逐渐与养老金的投资管理结合起来，成为养老金投资的一个亮点。美国把信托制引入企业年金制度后，共同基金分散投资的理念内在地反映年金基金组合投资的客观要求，成为推动年金基金投资管理的有效工具。

在有关企业年金基金投资资产配置重要性研究中，郑婉仪、陈秉正（2003）[②] 应用证实模拟分析的方法发现，在一定时期内，如果年金基金投资的平均收益率比基本养老基金投资的平均收益率高出4%，那么年金计划在储备养老金方面的优势就会突显，年金积累体现出比基本养老保险制度更高的效率。他们强调该结论的政策含义是：企业年金基金投资收益率的高低，是关系企业员工能否参加年金计划的最重要因素，高收益率能够把员工对年金的潜在需求转变成现实的年金市场。因此，为了更好地发挥企业年金计划的优势，就需要做到对企业年金基金的投资方向选择、投资比例划分等方面的规定，与对基本养老保险基金规定有较大的不同。只有这样才能突出年金计划的优势，增加年金计划对员工的吸引力。

（三）安全监管保证年金基金的良好治理与发展

企业年金基金的安全监管问题，一直是各国养老金制度建设中非常重要

① 韩强．企业年金投资决策六大关键［N］．中国经济时报，2005－06－08.

② 郑婉仪，陈秉正．企业年金对我国退休职工养老保险收入替代率影响的实证分析［J］．管理世界，2003（11）．

的任务，国内外学者对此问题的研究成果比较多，这些研究成果有一个共同的特点，就是一国选择什么样的养老金监管制度与本国的综合国情联系密切。

企业年金基金存续时间长，涉及的行业多，组织管理程序复杂。因此，企业年金基金的安全管理在国外理论研究与实践操作中经常是被关注的重点问题，安全管理的体系建设也有“一体化”与“专业化”两种不同的类型。戴蒙斯特（Demaesti）古埃雷罗（Guerrero，2003）①提出了方法论并分析了两种方法各自的优缺点。一体化的监管方法把权利集中于一个监管机构，有利于消除各个行业、机构之间的分割与垄断行为，分享相关信息，减少不必要的重复规制。这在当前金融产品趋同化发展的时代是有利的。而专业化的监管模式可以避免极权主义，降低可能因监管者参与不同的金融活动而造成的风险。专业化管理的中介机构和业务在风险方面各不相同，可相互制衡。在年金基金的具体监管模式方面要分为主动式和反应式（Demarco，Rafman and Whitehouse，1998）②两种基本的模式。主动式监管模式源自市场经济发达的国家，这些国家基金数量多，中介机构独立且规范程度高，资本市场和法律体系健全，政府对职业养老金体系干预较少。反应式模式较多应用于发展中国家，这些国家的企业年金基金多采取信托为主的管理模式，大量基金在这种体系中运作，竞争比较激烈。规范者只在问题出现时才实施干预，以起到补救的作用。

关于中国企业年金的整体监管模式，相关研究者根据我国国情，借鉴国际经验，提出一些有针对性的监督管理制度安排及措施。巴曙松、陈华良（2005）③针对企业年金制度的复杂性，以及各机构之间关联性强的特点，提出监管政策的一个主要内容是设计合理的准入和退出机制。对市场参与者设置的准入标准包括机构准入标准、主营业务准入标准、高级管理人员准入标准等。企业年金基金管理机构资格的终止必须谨慎，要以保护企业年金受益人为最大目标，业务终止应向监管机构申请获准后在企业和监管机关的监督

① Demaestri, Edgardo and Federico Guerrero. The Rationale for Integrating Financial Supervision in Latin America and Caribbean [R]. Sustainble Development. 2003, Technical Papers Series. IFM - 135. Inter - American Development Bank. July.

② Demacro, Gustavo, Rafman and Edward Whitehouse. Supersing Mandatory Funded Pension systems: Issues and Challages [R]. Unpublished Manuscript. , 1998, The world Bank.

③ 巴曙松，陈华良．企业年金市场的准入与退出制度研究［J］．湖北经济学院学报，2005（1）．

下进行企业年金资产清算。邓大松、武小吴（2005）① 从协同论出发，认为应该建立独立、高效、统一的企业年金基金监管委员会，实行协同监管，并建立通畅的信息沟通渠道作为配套，同时，还应加强中介服务机构的相互制衡和监管。

关于企业年金基金进入资本市场的监管模式问题，总结各种做法，发现各国在控制企业年金基金的投资风险时，主要运用两种通用的监管模式，一是“审慎人规则”，二是“严格定量限制规则”。在“审慎人规则”下，监管当局对基金的投资不做任何投资品种与比例的特殊规定，只是要求托管人要尽到审慎的责任，认真负责地选择专业能力强的机构和尽可能地分散风险的各种投资组合。在实行“严格定量限制规则”的国家，监管部门对于年金基金可以投资的工具、相应的投资比例均做出明确具体的数量限制，严禁超越。从各国实际投资的效果来看，实施“审慎人规则”监管制度的国家，其养老基金的投资收益比“严格定量限制规则”下的国家更可观。②朱俊生（2004）对分别实行这两种监管制度的经济合作与发展组织国家的实证研究发现，1980－1995 年间，经济合作与发展组织国家中，采取“审慎人规则”监管模式的国家，养老基金投资平均实际收益率为7. 8%，风险水平为9. 5%。而采取“严格定量限制规则”监管模式的国家，养老基金的平均投资收益率仅为5. 5%，风险却达到10. 4%。③从中可以看出，实行“审慎人”监管模式国家的养老基金平均收益率，高出实行“严格定量限制”监管模式国家近3 个百分点，而实行“审慎人”监管模式国家的养老基金所面临的风险却比较低。

由于我国年金计划数量较少，年金基金规模也不大，关于年金基金风险管理的研究比较少，这些研究主要关注的是相对宏观的理论研究和制度设计。2002 年6 月，原劳动和社会保障部社会保险研究所联合博时基金管理公司组成课题组，④开展了我国企业年金宏观制度设计以及规范管理的专项研究，对我国企业年金制度建设整体情况、年金计划设计与指导、年金制度运行与监管、年金业务流程与规范、各类年金管理机构资格认证等方面进行多层次、

① 邓大松，吴小武．协同论在企业年金基金风险监管中的应用研究［J］．武汉金融，2005（5）．

② 杨怡．中国企业年金投资运作模式研究［D］．上海：复旦大学，2010.

③ 朱俊生．建立规范的企业年金制度［J］．中国保险，2004（6）．

④ 原劳动和社会保障部社会保险研究所．中国企业年金制度与管理规范［M］．北京：中国劳动社会保障出版社，2002：p. 23－163.

多角度的研究，为我国企业年金制度的建立做了很好的理论探索与制度设计。不过，该项研究对企业年金基金的投资风险与管理问题并没有做出更加深入细致的分析研究。

2004年5月1日，我国《企业年金试行办法》和《企业年金基金管理试行办法》开始正式实施。两个《办法》规定我国的企业年金基金采取信托化管理模式。随后，年金基金的安全管理问题就成了相关机构和学者研究的重点问题。针对我国企业年金制度初创时期的风险管理需要，国务院发展研究中心金融所和银华基金管理公司提出了专门的研究报告，如巴曙松的《企业年金风险监管的主要环节和政策框架》，① 巴曙松、华中炜的《企业年金投资监管模式比较及我国的路径选择》②等一系列文章，根据中国实际，探讨中国特色企业年金基金风险管理的可行路径。杨洁（2006）③认为年金基金如果采取信托管理模式，那么受托人将成为整个企业年金基金运作成败的关键，可以说受托人的信托责任非常大，但却存在着财产赔偿能力无法承担如此重责的非对称性，影响到受托人核心作用的发挥。这时加强对投资管理人的监管显得十分重要和迫切。李元卿、曾琼（2005）④强调专业性基金公司如果作为年金基金的投资管理人，必须建立完善有效的内部稽核安全机制，才能适应企业年金资产管理对安全性、收益性和独立性的要求。

由于企业年金计划建立和运行流转的路线长，涉及领域宽，社会关注度高，研究企业年金基金安全的业务机构和专业人员较多。研究内容包括年金计划及年金基金的制度安全设计、灵活的缴费方法、有效管理模式的选择、各种制约机制的建立，还包括年金计划在具体运营和操作方面的多种规范等内容。这些研究为年金制度的及时修正和良好运行提供了重要依据。我们相信，随着企业年金基金的不断积累，基金投资范围的进一步扩大，加强监管始终会是企业年金制度建设的重要内容。因为只有投资风险得到有效控制，年金基金的安全得到较好的保障，企业年金计划的可持续发展才会有坚实的基础。

---

① 巴曙松．企业年金风险监管的主要环节和政策框架［J］．海南金融，2005（7）．

② 巴曙松，华中炜．企业年金投资监管模式比较及我国的路径选择［J］．中国金融，2005（5）．

③ 杨洁．企业年金入市——保险资金投资渠道扩宽［J］．经济问题探索，2006（4）．

④ 李元卿，曾琼．基金公司投资管理企业年金的决策与内控机制［J］．当代财经，2005（8）．

二、内在动因：企业与员工

根据劳动经济学的观点，企业年金计划可以看作是一份全面劳动合同的必要组成部分，它会影响企业员工选择工作，以及在工作中的努力程度等各方面的行为。国内外相关研究成果也都说明，企业年金计划对企业的长远发展是有利的。

（一）企业以激励员工为目标建立年金计划

拉齐尔、爱德华（Lazear & Edward，1995）[①]研究发现，企业年金能够提高员工的劳动生产率。在企业中，青年雇员获得的工资报酬要不同程度地低于他们的实际边际产出水平。相反，老年雇员获得的工资收入一般高于他们自身的边际产出。在企业实施年金计划以后，青年雇员因偷懒而被解雇的机会成本将大大提高，这将在一定程度上减少青年人偷懒行为的发生。对于老年职工获得的包括年金储备在内的收入为何高于其边际产出的解释，斯科尔斯（Scholes. M，1973）[②]强调，企业年金基金积累的雇员权益，具有一定的延期性、后置性特点。一般情况下，老年雇员在一家公司的工作时间比较长，经验丰富，积累了专属于这家公司的人力资本，可以说后置性的基金权益是对专属性部分人力资本投资的有效回报。另外，贝克尔（Becker，1965）、[③] 克特里科夫、劳伦斯（Kotlikoff and Laurance，1984）[④] 所做的分析认为，企业如果实施年金计划，就会对人力资本产生激励，进而增加企业预期产出。具体包括三个部分：第一部分因为实行了企业年金计划，激励雇员努力工作，增加产出。第二部分来自新员工代替老员工的差额。对老员工提供了额外的养老保障后，他们及时退休成为现实，企业可以及时补充青年雇员，提高劳动生产率，增加产出。第三部分是企业年金制度吸引高素质的劳动力加盟企业，企业内外的资源进行优化资源配置，由此增加企业的净产出。所以因实行企业年金制度预期增加的总产出为三者之和。

---

① Lazear & Edward. Why is There Mandatory Retirement［J］. Journal of Political Economy，1995，187（6）：pp. 1261 -1284.

② Black F. & Scholes M. The Pricing of Options and Corporate Liabilities［J］. polit. Economy1973（81），pp. 637 -659.

③ Gary S. Becker，A Theory of Allocation of time［J］. The Economic Journal，Vol. 75，No. 299（Sep.，1965），pp. 493 -517.

④ Kotlikoff and Laurance，The Incentive Effects of Private Pension Plans［R］. NBER Working Paper Series no. 1510.

国内学者也十分关注企业年金计划在留住人才、创造社会财富方面的重要作用。特别是针对我国企业退休人员的收入低于公务员和事业单位退休人员的养老金这一情况，一些学者强调可以通过建立年金的形式弥补这一差距。杨老金、邹照红（2008）[①]强调，各类企业是创造社会财富的最重要主体。优秀人才应该集中在企业为社会创造财富，否则，社会发展、国家进步、全民福利等等都无从谈起。建立企业年金，吸引人才向创造生产力的企业部门流动，才能促进社会生产力的提高。另外，现代化的生产需要培训、需要团队精神与协作配合，企业员工之间团队的建立与默契配合非常重要，有助于提高企业生产率。如果员工流动过于频繁，必然造成企业劳动生产率下降。企业年金是延迟支付的工资，员工想要取得领取年金待遇的权利，就必须在举办该企业年金计划的企业工作一定的时期，否则其企业年金账户中由企业缴纳部分就会被扣除。所以，企业年金计划发挥“金手铐”作用，将员工当前收入与将来的需求相统一，最大可能地调动员工工作的积极性、主动性，吸引素质高、能力强的人才，稳定和加强企业人力资源配备，努力提高企业员工的凝聚力与竞争力，实现企业经济效益的最大化。

年金计划应该与其他形式的薪酬类型组合起来，形成完整的、符合市场经济条件下综合激励模式的薪酬福利结构计划，给大多数员工以保障和激励。市场经济条件下的薪酬福利结构分三大类：现金形式的货币收入、非现金货币收入、非货币收入。[②] 其中股权、企业年金等非现金货币收入，具有长期激励的作用，侧重对员工个人潜能的发挥及贡献的激励，能够培养广大企业基层员工和中高层经营管理人员对企业的忠诚度，鼓励创造性劳动，鼓励员工长期为企业服务。

如何促进中小企业年金计划的发展是学者们很关心的问题。刘军丽（2008）[③] 通过分析发现，中小企业年金计划积累的基金在我国年金基金总额中的占比很低，发展十分滞后。主要原因包括中小企业经营管理不善、盈利不稳定、存活周期较短、部分雇主社会责任感不强、工会组织力量薄弱等等。上述各种情况造成这些企业中的劳动合同关系不正规、不稳定，员工维护自

① 杨老金，邹照红．发展企业年金的意义，www.cnpension.net［2007］．

② 刘云龙，傅安平．企业年金——探索与国际比较［M］．北京：中国金融出版社，2004：p.55.

③ 刘军丽．发展中小企业年金计划完善社会养老保险体系［J］．社会保障研究，2008（3）．

身权益的渠道不多，导致收入分配格局失衡。卢江、董登新（2006）[①] 对美国建立的各种企业年金计划进行了分类研究，发现在美国，虽然私人养老金计划的类型非常多，特点也不尽相同，但却按照相应的规则井然有序地运行。在众多的退休金计划中，针对中小企业的年金计划只占其中一小部分，这一小部分的年金计划也会根据不同要求划分为不同种类。这种多样化、个性化的年金计划为我国尝试建立适合中小企业的年金计划提供了借鉴。我国的中小企业也可以根据自身的状况，在国家规范的指导下，综合考虑行业特征、企业效益、员工年龄结构、流动性与资金积累等方面的情况，选择适合自己的企业年金模式。郑秉文、杨老金（2008）[②] 提出借助于行业企业联合会的力量尝试行业企业年金计划的发展，以便利的方式吸引和服务众多中小企业建立年金计划。

上述文献的侧重点主要在于说明年金的建立对于企业来说是积累人力资本的重要手段。这也是欧美发达国家的企业能够长久地使用企业年金的根本内因，不过要把这种内在动力有效地挖掘出来，还是要依靠政府税惠政策的引导和激励。这将是企业建立年金计划的初始条件，初始条件具备后才能进一步分析企业发展年金的持久动力。

（二）年金计划为员工提供更多保障

国外关于企业年金发展的员工动力的研究，侧重于多一重保障后的退休选择权增加，以及养老金年金化后可以有效应对长寿风险等方面的不确定性。安德鲁（AndrewA. Samwick，1998）[③]发现，由于社会保障面的扩大和私人养老金系统的建立，养老保障比以前有了大幅度提高，导致现在的劳动参与率比“二战”后早期的劳动力参与率下降了四分之一。这也说明企业年金的建立给很多想退休又没有足够养老金的人们提供了更多的选择权，即是选择退休还是继续工作，更多的选择权就意味着更多的动力和效应。杰弗里（Jeffrey R. Brown，2001）[④] 利用消费的生命周期模型，附以动态编程技术，根据美国

① 卢江，董登新．美国小企业计划及其对中国企业年金的启示［J］．武汉科技大学学报（社会科学版），2006（4）．

② 郑秉文，杨老金．我国联合企业年金计划展现独特魅力［N］．上海证券报，2006 -04 -06.

③ AndrewA. Samwick，Newevidenceonpensions，socialsecurity，and theTiming of retirement［J］. JournalofPublicEconomics70（1998）207 -236.

④ JeffreyR. Brown，Private pensions，mortality risk，and the decision to annuitize［J］. JournalofPublicEconomics82（2001）29 -62.

健康与退休调查局的数据，以效用为基础测量美国劳工个人和夫妻的企业年金值。测量的结果因道德风险、婚姻状况、风险规避以及现存年金（比如社会保障）等的不同而各异，但是作者发现，年金化财富每增加一个百分点，对企业年金个人账户年金进行年金化的可能性就增加一个百分点。另外，个人的健康状况等其他因素也会影响雇员对自己年金处理方式的选择，以更加有利的方式应对自己面对的长寿风险。简·巴雷特和基思·查普曼（Jane Barrett and Keith Chapman，2001）[①] 认为，同其他经合组织成员国一样，由于老龄化日益严重，如果相关政策不改变，澳大利亚政府的财政状况和下一代纳税人的税负将很难维持目前的养老保障体系，政府建立的超级年金计划，就是要通过鼓励人们工作期间增加储蓄，增加个人养老金积累，以改变单独依靠联邦政府基本养老金生活的局面，这对很多雇员都产生了巨大的激励作用。

企业年金基金自我积累和投资收益等方面的特点，决定了员工对年金计划的内在需求。与基本养老保险基金相比，企业年金基金有较大的不同之处，它的特点主要表现在以下几个方面（郭席四，2003）：[②]一是基金完全积累。企业年金基金的构成不再分割成现付和调剂基金两部分，只由积累基金构成。二是资产规模巨大。由于年金缴费和积累的时间很长，并采取封闭式完全积累模式管理，计划参加者只有在退休、移民等条件下，才能领取个人账户上的年金资产，众多人经过长期积累形成巨额的资产。三是收益要求高。企业年金基金的积累人员结构相对固定，可预见将来的开支日期和金额，因而对流动性的需求并不高；但是，在企业和员工向年金计划缴费水平基本确定的情况下，年金养老金的给付水平将与基金的投资收益水平密切相关。这说明企业年金基金对投资收益的要求很高。年金基金的高收益率正是它比现收现付的基本养老保险制度更具有吸引力的地方（刘青 2008）。[③] 此外，企业年金具有私立性、自愿性、补充性和非互济性的特点，是一种纵向的自我跨期救济。正如生命周期假说的那样，假设一个理性的员工，年轻时候多储蓄和投资，到年老生产能力下降的时候再使用，这就为个人对企业年金的需求提供了又一个理论依据。

---

① Jane Barrett，Keith Chapman，The Australian superannuation system：costs and reforms［J］，2001，Organization for Economic.

② 郭席四．我国企业年金基金投资运营管理研究［J］．湖北经济学院学报，2003（3）．

③ 刘青．我国企业年金投资管理及风险防范研究［D］．浙江工业大学，杭州，2008．

企业年金计划要吸引人，年金基金投资收益和多样化的给付都是非常重要的因素。年金基金投资的最主要目标在于保护受益人的权益，该目标的实现很大程度上取决于如何安排投资管理体制。邓大松、刘昌平（2003）[①]认为，为了保证年金计划真正能给参与员工带来老年时需要的保障，我国年金制度应该实行延迟型年金税惠政策；同时，在年金基金治理体制上，要建立和完善受托人、托管人、账户管理人和投资管理人间互相制衡的制度；在支取方式上也要多样化，实行从投资管理机构定期存取、购买生存年金、在银行定期支付等方式，以方便员工参与和领取。

从员工的角度看，企业年金计划是员工整体福利的一个重要组成部分。企业把年金计划当作企业综合薪酬结构中重要的组成部分，在考虑激励和效率的同时，也要考虑制度的相对公平合理，照顾到大多数员工的利益和感受。不能只给高薪员工建立年金计划，年金计划要有一定的覆盖面，实现对绝大多数人员的激励作用。对于我国现行企业年金计划的实施情况，2008 年 9 月上海市发布的《上海市职工社会保障权益实现状况趋势研究》[②] 报告显示，企业年金分配拉大了企业经营者与在岗普通职工间的收入差距，大部分建立年金的企业中高层管理人员与普通一线职工的年金缴费差距在 3 – 5 倍之间，有些企业的年金方案只是面向一小部分管理人员；少数企业在存在大量下岗人员，根本不具有建立企业年金计划经济能力的情况下，却将年金作为高层管理人员的福利，这违背了年金计划的初衷。

三、结语

本章对企业年金产生与发展的相关理论作了文献评述，并根据研究的需要，把国内外对企业年金的研究在概念上进行了统一，以便于研究成果的借鉴和比较。本章的文献综述首先选择了对基础性文献的分析和评述，主要涉及企业年金的基本内涵、企业年金的发展动力等根本性的问题。然后才关注到发展企业年金的具体参与主体，比如政府政策如何选择、企业对年金的基本态度和立场、员工对年金的需求等方面的文献。这样的安排是根据整篇文章的结构和研究顺序来设定的，通过文献评述也可以清晰地看出文章研究的基本思路。

---

① 邓大松，刘昌平．中国企业年金制度若干问题研究［J］．经济评论，2003（6）．

② 孙波．企业年金本土化运行模式研究［J］．经贸论坛，2008（12）．

第二章　我国企业年金发展现状分析

本章首先介绍我国年金制度当前的发展现状，分析我国现行年金制度的主要特点，介绍现行制度框架中关于我国年金发展最核心的制度规范，分析这些规范在促进我国年金市场发展方面的地位和作用。本章将从制度设计与变迁的视角剖析我国企业年金市场发展缓慢的主要原因，指出企业年金市场大发展面临的主要障碍，为以下几章有针对性探讨解决方案进行铺垫和准备。

第一节　我国企业年金养老边界划分

企业年金的养老边界是指与基本养老保险相比，企业年金需要分担多大比例的社会养老责任。这一问题来源于养老保险领域比较流行的“三支柱”理论。1994 年，世界银行发布了著名的研究报告《防止老龄危机：保护老年人和促进增长的政策》，给养老保险的三个支柱做了界定：第一支柱是强制性的公共年金（以税收筹资、公共管理的支柱）；第二支柱是私人强制缴款的私营养老金（私人管理的、完全积累制的支柱）；第三支柱指自愿缴费养老金。“三支柱”理论在具体落实到各国实践的过程中，根据各国的情况发生了一定程度的改变。比如，在大多数的经济合作与发展组织国家，作为第一支柱的基本养老保险制度都采用现收现付制运作模式，第二支柱是私营管理的、以雇佣合同方式建立的养老金计划。我国的情况又与其他国家不同：即基本养老保险中既有现收现付的统筹部分，又有基金积累的个人账户部分，使得企业年金的定位不太明确。进入 21 世纪以来，随着“三支柱”理论的发展以及“三支柱”模式在其他国家的成功实践，该模式也逐渐被国内业界和主管单位认可，成为我国养老保险体系改革与发展的方向。因此在我国，企业年金制度在制度范围上属于养老保险体系的第二支柱，能够对基本养老保险制度起到责任分担的作用。根据我国企业基本养老保险制度设计 58. 5% 的替代率水平，留下的 20% 左右的替代率空间是需要发展企业年金来替补的。这样就能实现养老金70%－80%的目标替代率，保障退休者生活水平基本稳定。

第二节　我国企业年金制度概况

一、企业年金制度演进

（一）企业年金制度起步阶段（1991－2000）

这一阶段发展企业年金的措施都是为基本养老保险制度改革进行的配套措施。我国的企业年金制度最初由企业补充养老保险制度发展演变形成，国务院在1991年作出了《关于企业职工养老保险制度改革的决定》，提出构建多层次养老保险制度是我国养老保险体系建设和发展的重要目标，还明确提出要鼓励企业发展补充养老计划。此后，一些重点行业例如邮电、石油等部门的企业尝试发展补充养老计划。到了1995年，原劳动部颁布了《关于建立企业补充养老保险制度的意见》，详细规定了补充养老保险建立的前提条件、管理运营规则、组织经办机构、投资管理办法等多方面的内容，推动了补充养老保险的发展。当年建立补充养老保险的行业增加到十多个，参加的企业和员工人数也快速增加。为了配合基本养老保险制度的改革，1997年国务院出台《关于建立统一的企业职工基本养老保险制度的决定》，再次明确强调要大力促进企业补充养老保险的发展，提出指导性意见，允许各地方政府根据自身的条件探索本地区的补充养老保险发展之路，并规定企业补充养老保险应该由社会保险经办机构管理。可以明显地看出，我国这一时期关于企业补充养老保险发展的相关政策基本上都是出于改革原来的养老保险制度需要，为配合基本养老保险的改革而出台的配套措施，所以没有完整的制度设计。具体规定见表2－1。

（二）企业年金制度成型阶段（2000－2004）

这一阶段企业年金制度的发展开始独立和有别于基本养老保险制度的改革与建设。国务院在2000年年底颁布的《关于印发完善城镇社会保障体系试点方案的通知》中，把企业补充养老保险的名称改为企业年金，目的是能够在名称上与基本养老保险区分开来，以显示企业年金的独立性。《通知》规定，我国要建立的年金计划，应该实行完全积累型的制度，建立个人账户管理模式，由参加的企业与个人双方共同缴纳费用，其中，企业缴费的费用中，在工资总额4%以内的部分可以列入成本。年金计划积累的年金基金要按照市场化的模式进行管理运营。《通知》还进一步就我国企业年金制度的发展重点以及将来的发展方向作了规定。2004年5月，“一部三会”发布《企业年金试行办法》和《企业年金基金管理试行办法》，至此，我国企业年金的基本制度框架确立，结束了企业年金制度建设完全附属并服务于企业基本养老保险制度改革的历史，走出了完全不同于基本养老保险的、缴费确定型基金积累制的养老保险新模式。

表2－1　企业年金制度起步阶段相关规范

年份	名称	主要规定与贡献	发文号
1991	《国务院关于企业职工养老保险制度改革的决定》	第一次明确提出政府应该鼓励企业建立补充养老金计划，该规定预示着我国的企业年金制度作为养老保障体系的第二支柱正式启动。	国发〔1991〕33号
1994	《中华人民共和国劳动法》	该法第75条规定，政府鼓励企业用人单位按照企业的发展情况，为劳动者建立补充养老金计划，为年金制度的建立提供了法律依据。	中华人民共和国主席令第28号
1995	《国务院关于深化企业职工养老保险制度改革的通知》	企业在依法参加了基本养老保险之后，可按照相关规定，根据本企业的经济效益情况，为本企业职工建立补充养老金计划，同时可以自己选择补充养老金计划的具体经办机构。	国发〔1995〕6号
1995	《关于建立企业补充养老保险制度的意见》	对企业设立补充养老金计划的前提条件、决策过程、缴费资金、待遇支付办法、经办运营机构等问题作出了指导性规定。	劳部发〔1995〕464号
1997	《国务院关于建立统一的企业职工基本养老保险制度的决定》	对企业补充养老金计划与企业基本养老保险进行了定位与分工，明确了二者各自的主要任务。	国发〔1997〕26号

注：该阶段涉及企业年金（补充养老保险）的法规是为基本养老保险改革进行配套。

（三）企业年金制度发展完善阶段（2005年至今），探索自身制度体系化发展阶段

在2004年企业年金制度框架基本确定后，相关的配套措施和细节规定陆续出台，其中信托型的管理制度把企业年金基金从政府经办机构转移到社会专业管理机构，实行社会化管理、市场化投资运营，完善了投资运营、会计准则、市场监管、信息披露等一系列管理制度。企业年金制度发展到制度配套比较全面到位阶段，整个管理制度过渡到系统有序的自我运营发展阶段。相关制度见表2-2。

表2-2　企业年金制度成型阶段相关规范

年份	名称	重要内容与意义	发文号
2000	《关于印发完善城镇社会保障体系试点方案的通知》	正式提出企业年金的概念，要求企业可根据自身的情况为本单位职工建立年金，费用由企业和职工个人缴纳，采用个人账户管理，基金实行市场化运营和管理。确定辽宁为试点省份。	国发〔2000〕42号
2004	《企业年金试行办法》	规定企业年金计划实行完全积累制，可按国家规定选择具有资格的专业机构，对年金基金提供专业的投资运营管理与增值服务。	劳社部发〔2004〕20号
2004	《企业年金基金管理试行办法》	明确了年金基金的受托人、托管人、账户管理人、投资管理人各自的权利和义务，对年金基金以信托制为核心的投资运行管理模式给予了明确和具体化，提出相应的路径和规则。	劳社部发〔2004〕23号
2004	《企业年金基金管理运作流程》	详细地规范了企业年金基金运作过程，为年金基金的更好运作做了更加具体的说明。	劳社部发〔2004〕32号
2004	《关于企业年金基金证券投资有关问题的通知》	进一步细化了年金基金投资证券市场的许多具体问题，包括如何开户、怎样清算、如何管理账户等，为企业年金基金入市投资奠定了良好的制度基础。	劳社部发〔2004〕25号

注：该阶段企业年金制度整体框架建立起来，开始独立于基本养老保险发展。

表 2－3　企业年金制度进一步发展阶段相关规范

年份	名称	重要内容与意义	发文号
2005	社保部第 5 号通告	公布了经过审查认证的首批 37 家企业年金基金管理人名单，同时规定各地的企业年金基金应逐渐转交这些机构进行管理。	社保部第 5 号通告
2006	《关于进一步加强社会保险基金管理监督工作的通知》	明确规定各地社保经办机构不再接收新的企业年金基金业务，由具备资格的专业管理机构负责接受运营新建立的年金计划。	劳社部发〔2006〕34 号
2007	《关于做好原有企业年金移交工作的意见》	要求把原来由各地社保机构负责管理的、行业以及企业自行管理的年金基金，在 2007 年底之前全部移交给获得资格的市场管理机构运营，推进市场化、规范化运作。	劳社部发〔2007〕12 号
2008	《关于企业年金基金进入全国银行间债券市场有关事项的通知》	为企业年金基金开辟出更广阔的投资空间，有利于年金基金资产的投资与保值增值，也优化了全国银行业债券市场的投资者类型，使企业年金基金以长期投资者的身份促进债券市场的稳定发展。	银发〔2007〕56 号
2009	《关于企业年金基金管理信息报告有关问题的通知》	提出年金基金的受托人、账户管理人、托管人、投资管理人，以及企业年金理事会等年金基金管理各主体，要加强保护年金计划委托人和受益人的正当权益，对年金基金市场强化监管，规范年金基金管理信息报告制度。	人社部发〔2009〕154 号
2009	《关于企业年金个人所得税征收管理有关问题的通知》	规定年金的企业缴费部分在进入个人账户时，当作个人一月的工资、薪金（不与正常工资、薪金合并），不扣除任何费用，单独计算对应的税率。给予年金单独按一个月收入扣税的优惠。	国税函〔2009〕694 号
2011	《企业年金基金管理办法》	相较于旧《办法》，新《办法》放宽了年金基金投资权益类资产的限制，为年金基金投资提供了更多的选择权。	人社部发〔2011〕11 号

注：该阶段企业年金制度及法规开始向细则化、操作性强的方向发展。

二、企业年金市场简况

我国企业年金制度在不断发展完善的同时，年金市场也有一定的发展，但与社会各界的期望相差甚远。早在2003年有关部门测算企业年金的发展趋势时，以2000年工资总额为基础，按前5年的平均工资增长率5.2%计算工资增长幅度，企业年金年均增长额为540.2亿元，认为在企业年金市场全面启动后，以此推算，未来几年平均每年会有将近1000亿元左右的年金积累规模，到2010年，年金市场总规模将达到1.5万亿元。这一乐观的估计远没有实现，到2010年底时全国的企业年金实际保有量只有2809亿元，占GDP的比例很小，建立年金的企业也只是集中在少数几个行业，占全国总人口的比例则不足1%，维持在一个很低的水平上，根本不能对基本养老保险制度有任何补充和提升。另外，目前在我国，建立年金计划的企业都是国有大中型企业，中小企业几乎没有。这种情况不符合中小企业在国民经济中的地位和作用。根据国家统计局的数据，截止到2009年9月底，我国共有在工商部门登记的企业1030万户，其中中小企业达1023.1万户，占比超过企业总数量的99%。同时，中小企业创造了国民生产总值60%的份额，缴纳了全国税收收入的50%左右，提供了绝大多数的城镇就业岗位。从参与人员、基金积累这几个指标都可以看出，没有中小企业和人员的参与，我国的企业年金市场就不可能取得突破性的发展。①

从上述现状可以发现我国企业年金发展中存在的不足很明显：一是起步晚。相较于国外从1875年开始的企业年金计划，我国的企业年金历史非常短暂，从1991年的企业补充养老保险开始，到2000年改名为企业年金，发展到2010年，才经过了短短20年的时间，由于起步晚，发展时间太短，使得企业年金的发展环境、措施、条件等都有待建设和完善。二是发展慢。从1991年到2000年的10年时间，全国补充养老保险共积累基金191.9亿元，年均增长19.19亿元，只有1.6万余家企业建立年金。②直到2004年“两个办法”出台后，年金的发展步伐才有所加快，到2010年底也只有2809亿元的规模，远不是业界预测的1.5万亿，只占同期GDP的0.95%。三是比例小。目前中国的企业年金计划在社会养老保险体系中比重较小。参加企业年金计

---

① 牛海，汤建光．我国企业年金发展面临的难题探究［J］．经济问题探索，2011（2）．

② 中国企业年金发展报告［N］．财经界，2007－03－01.

划的职工约1335多万人，占参加基本养老保险人数的5.2%，①占近4亿城镇非农就业人员的3.2%，占9亿多劳动人口的1.3%，覆盖率水平是非常低的，比2009年还有所下降，与OECD国家差距很大。②有资料显示，在OECD国家，企业年金计划覆盖大约四分之一的退休者和三分之一以上的在职者，相比而言，我国的企业年金发展还有很大的潜力。

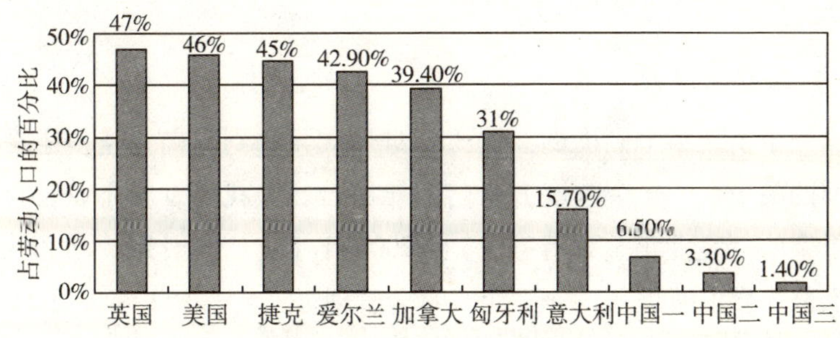

图2－1　部分OECD国家企业年金和中国企业年金覆盖率

数据来源：Pensions at a Glance 2009：Retirement－Income Systems in OECD Countries。其中，捷克和匈牙利的数据中包含了个人年金部分。

注：中国企业年金三个覆盖率的基数分别为2009年参加基本养老保险的人数、城镇非农就业人数和总劳动人数。OECD国家企业年金的覆盖率为参加企业年金计划的人数占劳动人口的比例。③

四是不平衡。我国目前中小企业的数量占企业总数的绝大部分，但中小企业年金基金的比例非常低。各类大型企业只占到企业数量的1%不到，却拥有了95%以上的年金基金积累额。同时，企业年金市场上也显现出“国强民弱”的发展态势，近年来，一些财力雄厚的国有大中型企业经常传出令人羡慕的年金大单，让企业年金计划逐渐发展成为这些企业的专利，与大多数中小企业员工相距甚远。这与企业年金的主旨和目标背道而驰，起不到优化国家养老金体系的作用，也不利于企业年金的全面建立和正常发展，严重制约着针对年金计划更加优惠的税收政策的出台。④

① 郑秉文．中国企业年金发展滞后的政策因素分析——兼论“部分TEE”税优模式的选择［J］．中国人口科学，2010（4）．

② Pension at Glance 2009：Retirement－Income Systems in OECD Countries［R］．www.oecd.org/document.

③ 牛海．中小企业年金的重要作用及发展路途分析［J］．兰州学刊，2010（11）．

④ 牛海，汤建光．我国企业年金发展面临的难题探究［J］．经济问题探索，2011（2）．

第三节　企业年金发展面临的障碍

一、缺乏制度顶层设计与支持

（一）法律保障层次低

我国关于企业年金制度的立法工作进展缓慢，到目前为止，还没有全国人大层面的关于企业年金制度的专门法律出台。为我国发展企业年金搭建基本法律框架的《企业年金试行办法》（2003 年 12 月 30 日原劳动和社会保障部第 7 次部务会议通过）、《企业年金基金管理办法》（2011 年 1 月 11 日人力资源和社会保障部第 58 次部务会审议通过，中国银监会、中国证监会、中国保监会审议通过）都是部门规章。1994 年《劳动法》第 75 条提出要发展社会养老保险，却没有规定责任主体和措施。2010 年《社会保险法》是我国社会保障领域的根本大法，也没有把企业年金放在必要的位置上给予推动。没有高阶位法律制度的保障，年金制度发展中遇到税收等方面的问题时，无法解决，只能搁置。年金制度发展没有大的突破，年金市场进展停滞不前也就在所难免。

（二）对企业年金制度的定位不明确

由于缺乏对企业年金价值目标的深刻认识，我国年金制度的定位不够明确，第二支柱的提法有名无实。《企业年金试行办法》中关于企业建立年金计划的三个前提条件，就明确反映出发展年金的定位：建立企业年金与否视企业自身情况而定，效益好的企业可以通过年金计划给员工增加福利，是可有可无的，似乎与整个社会的养老问题关系不大。这种认识在当前中国社会经济条件下无助于企业年金制度的发展，也不符合关于建立企业年金制度的理论基础和价值追求。生命周期假说认为，由于劳动者的收入曲线呈抛物线形状，为维持其长期稳定的消费，将劳动期间所得收入提出部分进行储蓄，作为退休生活来源，以满足老年生活需要是必需的。分配正义论提出在设计公共政策时（这里指年金制度），正义是这项制度的首要价值。①可以看出，这些理论把年金制度定位于维护老年人的经济安全，是在承担一种社会养老责任，进而促进社会的公平与正义。在我国，政府作为年金政策的制定者和养老制度变迁的主要推动者，对企业年金的这种性质和发展目标必须认识清楚。只有这种认识到位了，针对企业年金的税惠政策才能真正到位。②

近年来，我国财政收入连年大幅增长，2011 年突破 10 万亿元，而到 2010 年底，我国 20 多年积累的企业年金基金只有 2809 亿元，占 GDP 的比重不到 1%。快速猛增的财政收入，为保障和改善民生提供了坚实的财力支撑，说明给企业年金实行税收优惠政策的财力条件已经具备。再看所得税收入方面，近年来，我国所得税收入的比重远远高于俄罗斯等国，但相应的社会保障支出却低于这些国家。对企业与个人所得税给予优惠，以促进企业年金发展具有很大的税惠空间。所以，目前针对企业年金的税惠制度不是财力不足的问题，而是缺乏前瞻的眼光和决心。

表 2－4　“金砖”四国所得税收入占财政收入比例　　单位:%

财年国家	2000	2004	2005	2006	2007	2008	2009	2010
巴西		17. 3	18. 9	18. 7	19. 4	20. 5	19. 9	
中国	12. 4	21. 6	23. 5	24. 5	23. 4	24. 3	22. 6	21. 3
印度	3. 5	4. 3	4. 5	5. 0	5. 4	5. 8		
俄罗斯	8. 3	10. 6	8. 2	8. 8	9. 5	10. 4	12. 2	11. 4

资料来源：国家统计局金砖国家联合统计手册 2011。

注：所得税收入 = 企业所得税 + 个人所得税

二、中小企业社保缴费负担重

在当前的中国，建立企业年金的企业大都是国有大型企业，中小企业几乎没有建立企业年金计划。中国现行社保缴费费率比较高，其中基本养老保险制度设定的企业缴费率让广大中小企业无力承受。以上海市为例，2011 年“五险”加住房公积金缴费达到工资总额的 44%。按照我国《企业年金试行

① 郭琳．中国养老保险体系变迁中的企业年金制度研究［M］．北京：中国金融出版社．2008：p. 285.

② 牛海，李洁明．论制约我国企业年金发展的主要障碍及对策［J］．江西财经大学学报，2010（5）．

办法》的规定，企业只有依法参加了基本养老保险，并且按时足额缴费后，才可以建立企业年金计划。对于许多中小企业而言，同时参加基本养老和补充养老保险，缴费总额将达到工资总额的30%左右，社保综合缴费将达到工资总额的50%左右。在如此高的社保缴费率情况下，企业建立年金的经济压力非常大，动力明显不足。在这种状况下，如果没有来自外部的利益引导或强制手段，企业内部的激励机制也不够强大，中小企业主动为员工建立企业年金计划的可能性就很低。

表2－5　2011年上海市社保缴费基数和标准

项目 对象	缴费基数	养老保险		医疗保险		失业保险		生育保险	工伤保险
机关、事业单位、企业、社会团体等单位	2338－11688（元）	单位	个人	单位	个人	单位	个人	单位	单位
		22%	8%	12%	2%	1.7%	1%	0.8%	0.5%
		“五险”单位缴费合计：37%							

资料来源：根据上海市人社局相关资料整理。

注：缴费基数每年调整，但企业缴费比例一直较高。

三、企业员工参与激励不足

（一）针对个人的税收优惠制度缺位

从国外经验看，年金制度大发展的重要推动力是参与者（包括企业和个人）都享有较大的税收优惠。我国全国人大层面的税收立法中，没有就企业年金计划进行专门立法规范。现存法规中，关于年金计划最早的税惠依据是国务院《关于印发完善城镇社会保证体系试点方案的通知》，该《通知》在第2部分的第10款明确提出企业可根据自身的经营状况，按照自愿的原则为员工建立年金计划，由企业和个人共同缴费，企业缴费在工资总额4%以内的部分从成本中列支。采取个人账户方式进行管理，年金基金实行基金完全积累，进行专业化、市场化方式运作。2004年5月以后，《企业年金试行办法》开始实施，各地以政府文件的形式出台本地区企业年金税收优惠政策，优惠幅度在4%－12.5%之间。这些文件规定的共同特点是：只涉及缴费阶段企业缴费部分的税收优惠，没有考虑年金在进入个人账户后如何给予税收优惠的问题。直到2009年6月2日，根据财政部、国税总局《关于补充养老保险费补充医疗保险费有关企业所得税政策问题的通知》规定，从2008年1月1日开始，企业按照政府相关政策，给本企业员工缴纳的补充医疗保险费、补充养老保险费，分别在工资总额5%以内的部分在税前予以扣除。2009年国税总局《关于企业年金个人所得税征收管理有关问题的通知》给予年金单独按一个月收入扣税的优惠。这是我国企业年金领域所有给予参与者的优惠规定，与国外相比最大的不足是针对员工个人的税惠政策没有力度。国外私人养老金计划的税收优惠政策主要是落实到个人账户上，如美国401K计划允许员工个人缴费在工资总额15%以内的部分免税（对高收入者有总额的限制），这样可以激励每个雇员积极参与私人养老金计划，扩大民众参与养老金计划的基础。

（二）年金归属个人的规定不明确

与年金制度成熟的国家相比，我国的企业年金制度只有基本框架，一些推动年金发展的核心激励机制并没有建立和完善。其中最关键的是年金的所有权归属不明确。在企业年金归属方面，最为关键的是年金的企业缴费部分何时和怎样转移所有权的问题。在发达国家，关于企业年金的缴费和归属有非常详细的规定。比如，美国的SIMPLE 401（k）计划[①]对雇主缴款有强制性规定，必须按照一定比例缴费，且雇主缴费即刻属于员工账户，不能附加任何条件和时间表。其他许多国家也明确规定随着工作年限的增加，员工获得的企业缴纳的养老金权益也在按一定的比例增加。我国的年金制度在这方面规定不详细。虽然对个人缴费部分有规定，但对企业缴费部分没有明确。我们查阅相关文献，总结出年金中企业缴费部分在员工工作达15到20年，或者员工身故、残疾、退休后才转移所有权。在所有权没有完全转移前，员工提前离开企业时，是否应享有一定比例的企业缴费部分，没有明确规定，规范的缺失打击了员工参加年金计划的热情。[②]

---

① SIMPLE 401（k）计划：在传统401（k）计划基础上，专门规定保护中小企业员工参加企业年金计划的法规.

② 牛海，李洁明.论制约我国企业年金发展的主要障碍及对策［J］.江西财经大学学报，2010（5）.

四、年金市场缺乏活力

我国的年金制度还不完善，整体的年金市场环境不成熟，中小企业及其职工对年金的有效需求不足，在这些不利因素的共同作用下，我国企业年金市场发展远远没有达到预期的水平。根据人力资源与社会保障部的统计资料，截止到2010年底，全国建立企业年金计划的企业共有3.71万户，参加计划的员工约有1335万人，这个人数只占当年基本养老保险覆盖人数的5.2%左右，与2007、2008等年份相比，比例不但没有增加，而且还呈下降趋势。企业年金基金累计结存2809亿元，是现收现付制基本养老保险基金累计结存15365亿元的18.2%。在年金总量比较小的同时，我国企业年金市场显现出发展的阶段性、市场的集中性等明显特点。大型国有企业积累了95%以上的企业年金基金，其他类型的企业基本没有建立年金计划。按照保监会的统计资料，2010年底，市场上全部投资管理机构实际运作的企业年金基金总数为2452.98亿元，年金基金的投资组合数为1504个，年金基金取得的加权平均收益率为3.41%。分析上面的数据可以看出，我国企业年金的基金总规模偏小，占GDP的比重偏低，实际投资运营的年金基金比例更低。资金规模本来就不大，主要的几家有资格管理运营的机构都吃不饱，只是把年金业务当作未来业务的增长点来提前布局。

表2-6　我国企业年金积累与基本养老保险基金、GDP的数量比对　　单位：亿元

数据类别	2000年	2005年	2010年
国内生产总值	89403.6	183084.8	401512.8
基本养老保险基金积累总额	947	4041	15365
基本养老金占GDP比重	1.06%	2.21%	3.83%
企业年金基金积累总额	191	680	2809
企业年金基金占GDP比重	0.21%	0.37%	0.95%

资料来源：中国统计年鉴、人力资源和社会保障事业发展统计公报各年；《中国企业年金发展报告》。

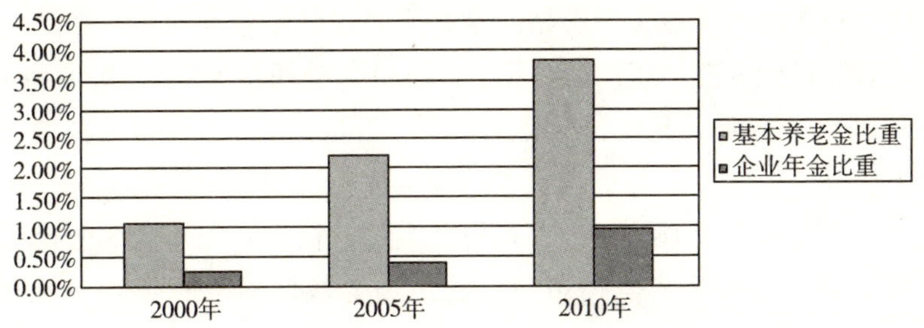

图 2－2　基本养老金、企业年金积累的基金占当年 GDP 的比重

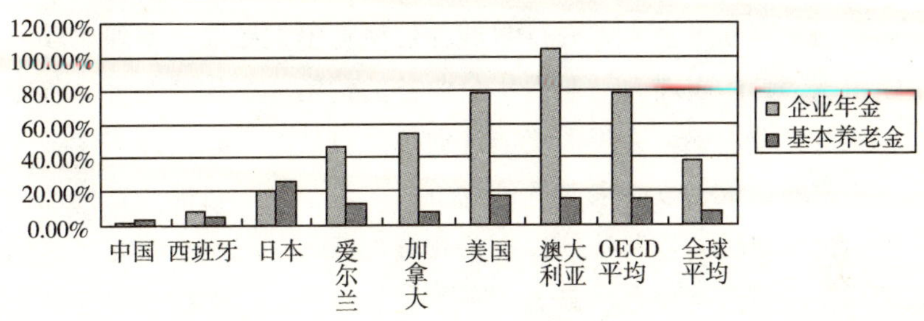

图 2－3　2007 年部分国家企业年金和基本养老金占 GDP 的比重比较

数据来源：中国统计年鉴 2008；2007 年劳动和社会保障事业发展统计公报。

相比较而言，我国企业年金占 GDP 的比重几乎可以忽略不计，不但与先发国家差距大，也与我国老龄化程度不相符。

由于建立年金的企业数量少，年金数额不大，投资管理方面的限制较多，年金运营机构生存困难。1995 年，国务院《关于印发〈关于建立企业补充养老保险制度的意见〉的通知》中明确提出我国企业年金采用缴费确定型（DC）信托制运作管理模式，关系到受托人、托管人、账户管理人、投资管理人等多环节的管理与定位，业务分别归属信托、基金、银行、证券、保险五类行业。2005 年 8 月 1 日，原劳动和社会保障部公布了首批 37 家获得企业年金基金管理资格的专业市场机构，包括受托人 5 家，账户管理人 11 家，托管人 6 家，投资管理人 15 家。2007 年 11 月，又有第 2 批共 24 家机构获得企业年金基金管理牌照。其中账户管理人 7 家，受托人 7 家，托管人 4 家，投资管理人 6 家。目前，企业年金基金管理运营机构共有 58 家（后取消 3 家受托人资格）。其中，5 家专业养老金公司应企业年金而生，也就是现在的 5 大专业养老金管理公司：长江养老保险公司、太平养老保险公司、平安养老保险公司、国寿养老保险公司、泰康养老保险公司。原劳动和社会保障部分别给予这5家公司相应的年金管理资格。这5家公司的年金业务量占据企业年金受托和投资管理业务的半壁江山。其中，2010年受托业务额为1039.14亿元，投资管理708.96亿元。具体情况可见表2－7。数据显示，年金业务的非均衡发展特点明显，业务量没有呈现出成熟稳定增长的特征。虽然几大专业养老金公司的业务量还算可以，但生存环境并不好，根据平安养老等公司的相关业务人员反映，几家养老金公司面临着市场上僧多粥少的局面，竞争压力很大。

这几家典型的养老金运营公司面临的困境有：企业年金市场竞争异常激烈，公司间为了争取年金业务进行激烈的价格竞争，导致一系列比较严重的问题不断出现，具体表现为行业内年金业务的营销成本快速上升，各竞争对手间竞相压低管理费率。为吸引年金计划接受自己的管理，许多年金管理公司使出不正常的竞争手段，采取低价竞争、赠送服务项目等方式扰乱市场秩序。另外，由于缺乏集合型计划投资的政策规范，一些中小企业年金的投资管理人面对比较强势的年金供款者，不敢贸然投资，以平稳和保险的原则把年金基金投向国债、银行存款等低收益工具，年金计划供款者却对低收益表示不满，出现停止缴费并不愿支付账户管理费的情况，有些年金计划发起人更是在委托合同到期后转投别的投资管理人。因此，从我国企业年金行业的总体发展情况分析，年金市场业务还处在开拓市场的起步阶段，业务开展投入大、产出低，运作市场供给远远大于需求，专业的养老金管理公司面临的生存压力比较严峻。

表2－7　2008－2010年我国五大专业养老金公司企业年金业务情况表　　单位：万元

	年份	太平养老	平安养老	国寿养老	长江养老	泰康养老	合计
企业年金缴费	2008	342785.1	901652.8	535732.6	215800.0	58852.5	2054823.0
	2009	357916.6	957875.2	940843.9	258315.5	121030.0	2635981.2
	2010	382060	1023549.4	1736170.7	326907.8	105688.5	3574376.6
年均增长		5.6%	6.6%	80.1%	23.2%	46.5%	24.3%
受托管理资产	2008	616619.3	1240172.1	23.2%	2226094.3	39841.7	4736396.1
	2009	1045732.7	2037238.9	23.2%	2468833.0	150668.1	7079984.4
	2010	1391827.2	2980689.8	23.2%	2603752.3	225665.6	10391435.9
年均增长		50.9%	55.3%	128.0%	8.2%	164.0%	81.3%

（续表）

	年份	太平养老	平安养老	国寿养老	长江养老	泰康养老	合计
投资管理资产	2008	942566.9	1461311.9		1369869.1		3773747.9
	2009	1367159.4	2610695.3		883322.3		4861176.9
	2010	1842563.9	3844788.2		1402241.4		7089593.6
年均增长		39.8%	63.0%		11.6%		38.1%

资料来源：中国保险业监督委员会网站。

目前，由于我国的企业年金业务市场供给量总体上过小，专业型的养老金管理公司业务量始终处于“不够吃”的状态，迫使各家年金投资管理公司将工作重心放在了在市场一线开拓业务、扩大市场份额上，对企业年金投资管理方面的新产品设计、组织建设、制度创新、风险防范等事关年金发展的重要基础建设问题不够重视，投入水平也不高。这样的市场环境造成的不利后果是，各企业年金基金投资管理人之间的产品种类单一、基本服务质量不高、年金基金投资收益低，各企业都没有给年金业务作出明确的战略规划，市场定位模糊，这些问题又反制着年金管理公司业务的开拓与进一步发展。面对严峻的市场压力，基于对年金市场未来的积极预期，许多专业年金投资管理公司开始调整相关的经营策略和发展方向。平安养老、太平养老等业内的主要企业，已经将传统的团体保险业务作为主攻对象，加大力量进行投资和拓展，而作为主业的企业年金业务却在公司的业务领域逐渐被边缘化了。大多数公司争取年金管理人资格，更多的考虑是我国企业年金业务将来的发展潜力。中国的企业年金市场处于发展初期，相比其他传统业务，几家主要的年金投资运营公司的业务发展差距不大，也没有差异化经营的特点，这些公司进入年金领域看重的主要是现在做一些准备，期望在今后的企业年金市场发展中占好位置，保持本公司在潜力巨大的企业年金业务市场中有一席之地。

总之，年金基金的经营管理具有相当的吸引力，年金基金规模大、周期长、资金存续稳定的特点可以为基金投资管理人带来可观的预期收益，进行长期管理投资的成本也比较低，企业年金业务也应该是年金资格投资管理人业务新的利润增长点。但是，从目前的情况看，由于第一批获得资格的公司已经先获得一部分业务，可以在年金市场业务量少的情况下艰难维持，第二批获得企业年金管理资格的公司只能翘首期盼年金市场红火起来。

五、经济环境障碍

我国企业年金虽然发展了20多年，但从年金基金积累量、年金计划覆盖面、年金养老金替代率等主要指标看，市场发展仍然处于起步阶段，没有形成影响广泛的养老金储备计划。广大企业特别是中小企业建立年金计划的积极性不高，数量巨大的中小企业员工对年金计划的需求被各种制约因素所抑制，企业年金的正常发展面临很多障碍。从大的方面可以把这些障碍分为经济环境障碍和制度环境障碍，其中经济环境障碍可概括为以下几个方面：

一是短期内很难改变中小企业的生存与发展环境，它们没有能力建立年金计划。这是根本性的问题。在我国，由于历史原因和体制转轨的影响，大型国企和中小企业在经济发展中的地位不平等，大型国企一方面承担着许多国家和社会赋予的振兴国家的职能，同时也能够在经济活动中拿到许多优质的资源，使得中小企业在经济竞争中处于劣势。这种非公平的竞争加大了中小企业的生存难度，压低了它们的利润率，也在一定程度上制约了中小企业发展年金的动力。2008年金融危机爆发后，人力资源和社会保障部及时出台了针对中小企业的扶持政策，允许它们暂时可以享受社保费的“缓、减、免”缴政策，积极帮助中小企业渡难关。而同时期，一些大型国有企业却把企业年金当作给员工的高福利待遇，不断开出诱人的年金大单。可见，大型国企与广大中小企业在年金支出方面的差距，如实反映着我国经济体制和经济大环境的现实问题，该问题的解决需要政府进行综合配套改革，彻底改善中小企业的发展环境，使中小企业有能力建立企业年金计划。①

二是关系到企业年金基金生存与发展的资本市场不成熟。利用资本市场进行保值增值，是基金制养老金计划赖以生存与发展的最重要条件，只有资本市场能够提供稳定的收益才能吸引人们建立年金计划。总结世界各国的经验我们可以看到，任何国家要让其建立和推动的完全积累制养老金计划取得成功，必须要建设一个公开透明、运行规范、秩序良好的资本市场，通过严密的规定，严格的监督，保证年金基金不至于承受额外的重大风险。目前，由于我国的资本市场不成熟、不稳定、不规范，制约了我国企业年金基金的进一步发展。具体来说，我国资本市场对年金基金的抑制作用表现在：资本市场投机风气太盛，资产价格的波动常常非常剧烈，相对于企业年金基金的

① 牛海．亚太国家经验对我国发展中小企业年金的启示．《企业经济》2010（4）．

安全性，资本市场的风险确实太高；资本市场中蕴含的系统性风险高，投资者无法通过多种组合投资获取稳定且较可观的收益；资本市场整体基础设施比较落后，各级市场之间的流动性比较差，无法满足年金基金投资的多种需要；信息不对称问题突出，信息披露制度不健全。这些不足严重地阻碍了企业年金基金向资本市场投资的信心和积极性，限制了年金基金投资获益的空间，阻碍了企业年金基金的正常发展。

三是收入分配制度不合理影响企业年金计划的发展。我国收入分配制度不合理表现在两个方面。首先，企业和政府的收入在国民收入中占比太大，广大居民的劳动报酬收入占比太小。另一方面，垄断行业企业的职工收入过高，竞争性行业企业的职工收入太低。这两个方面通过各自的传导机制阻碍着企业年金的发展。先看一组有关我国收入分配的数据：在1995－2010年间，各级政府的收入在国民收入初次分配和再分配中所占比重不断上升，由开始的24.25%上升到后来的30.48%；企业收入在国民收入中所占的比例也由当初的9.88%上升到后来的15.82%；而同一时期，劳动者收入所占的比重从65.87%大幅下降到了53.35%。2008年国际金融危机之后，分配格局向政府和企业倾斜的局面没有改善，而且更加明显。[①] 以上数据说明，在我国经济活动的三大力量中，政府、企业的力量非常强势，劳动力相对处于弱势。在这种环境下，劳动者增加工资已十分困难，更遑论要求企业建立年金计划，这一要求在强资本的分配环境下是很难达到的。另外，在垄断行业很难进入的情况下，竞争性行业的利润水平已经很低了。如果没有国家的强制性规定，大多数中小企业基本养老保险费都不会缴纳，再要求它们自愿建立年金计划是不太现实的。所以，我国年金市场就出现了占企业总数近99%的中小企业，只积累了不到1%的年金基金的残酷现实。显然，只有少数人可以获得企业年金养老，广大中小企业及其员工无法参与年金计划，这是违背企业年金计划建立的主旨和目标的，根本起不到优化我国整体养老保险体系的应有作用。

① 马晓河．中等收入陷阱的国际观照和中国策略［J］．改革，2011（11）．

第四节　障碍成因简析

一、缺乏共识形成思想认识障碍

建立和完善一项社会保障制度，除了经济条件基本具备外，社会共识是非常重要的一个方面。企业年金不是普通意义上的商业保险，也不是完全意义上的社会保险，它是养老保险体系内政府引导，企业和个人共同参与的养老保险制度安排，是养老保险制度的重要组成部分。建立年金制度就是让养老责任社会化、养老压力分散化、养老体系高效化，通过设计合理有效的制度体系，实现政府、企业、个人共同分担养老责任的目标。只有深刻认识到这一点，才能确定年金制度为养老保险体系第二支柱。考虑到我国目前基本养老保险制度的统账结合模式，既想做到公平，又要保证效率，实际上两者都没做到。如果给基本养老保险进行重新定位，确定为保基本、保公平，而企业年金制度的发展方向，则应明确为通过年金制度合并现有养老保险中的个人账户部分，形成第二支柱。这样安排从长远来说会减轻政府负担，降低基本养老保险的给付风险，理顺整个养老保险体系的内部关系，提高养老保险水平和整个体系的效率。这种改革需要社会共识的推动才能进行。

二、政策凌乱造成制度障碍

我国的基本养老保险制度正在改革和调整中，具体采用哪种模式还在探索。企业基本养老保险与企业年金是“基本”与“补充”的关系，还是“第一支柱”与“第二支柱”的关系，没有明确的结论。这两者间还是有重要区别的。我国现在的企业基本养老保险制度实行“统账结合”的运作模式，既包括现收现付制的基础养老金部分，又包括基金积累制的个人账户部分，这一模式对企业年金的个人账户制产生挤出效应。再说到税收优惠问题，政府首先要在制度设计上明确企业年金税惠政策是前端或后端实行税收优惠，要有全国性法律层面的统一规定。目前各个省市的企业年金管理机构执行的税收制度虽基本与 42 号文件一致，但仍有不少地方个性化操作空间很大，究竟是需要制定全国统一的税惠法律规定，还是地方各自为政，这迫切需要中央政府进行通盘考虑决策。民间期待已久的针对中小企业的集合年金计划规范也没有出台，影响广大中小企业主和员工的积极性。另外，建立年金计划的具体行政管理程序也有值得商榷的地方。现在企业建立年金计划，首先要报批，向各级人保局报批，申请年金号，流程太复杂。所有涉及年金的合同都要报当地人保部门批准，给政府机构太多的审批权，不排除产生寻租可能性。这说明政府对企业年金发展的政策支持力度和其他相关公共服务还需要加强。

三、转型社会是形成经济障碍的主因

我国转型时期经济社会的复杂性影响了年金制度的定位和发展。我国的市场经济发展历史不长，很多方面不成熟、不完善。在这样的大环境下，企业年金制度引入我国后面临“水土不服”的窘境。一方面，我国经济社会处于转型发展时期，经济体制正在向完全市场经济过渡，与发达国家相比，企业组织形式不成熟、欠规范现象比较普遍，缺乏建立企业年金计划的现代企业制度基础。另一方面，各类企业的发展环境和员工待遇差距很大。在我国，劳动者在不同所有制的企业中、不同用工制度下做同样的工作，得到的收入和享受的福利待遇水平差距很大。很多企业以临时工的方式使用员工，不愿意与员工建立正式的合同关系，这种带有歧视性的用工制度，阻碍了企业、员工以普遍增加福利的方式建立企业年金。①这说明我国尚不完全具备发达国家建立年金制度的经济社会条件。

第五节　结　语

本章以我国企业年金制度的建立发展为主线，阐述了其发展历程，分析了其各个阶段的发展特点及意义，明确了我国企业年金制度的基本形式是个人账户式缴费确定型基金积累制，采用信托型管理，市场化投资运行。虽然年金制度框架的整体安排符合国际潮流，但发展情况却不尽如人意，主要原因可从宏观和微观两个层面去考虑。宏观层面的问题上文中已经有了分析。从微观层面上看，年金制度在设计上也存在许多不足，缺乏一些关键性的激励政策来调动年金参与主体的积极性，优惠措施和权益归属没有明确具体到

① 牛海，李洁明．论制约我国企业年金发展的主要障碍及对策［J］．江西财经大学学报，2010（5）．

个人，这种激励政策的设计本身就有问题，使得年金利益的最终享有人无法积极主动地参与年金计划的建立和发展。

上述宏观环境和大的经济制度方面的阻碍，需要我国社会经济等方面的长期建设和发展，只有进行某些经济社会发展方面的根本改革，才能促使问题逐步得到解决。由于我国老龄化问题严峻，无法等到一切条件具备后再讨论年金发展的问题。本研究致力于在现有的政策条件和体制框架内，如何通过有针对性的政策微调，来激发广大企业和员工的积极性，争取在较短的时间内引导广大中小企业和员工参与，以推动年金市场的发展，满足将来养老需求。因此，在之后的章节中，将把研究的重点转向政府税惠政策的调整等更加具体的问题。

第三章　企业年金发展的政府动力

——年金税惠政策思考与选择

企业年金类养老金计划既是社会政策，也是经济政策。从制度经济学角度分析企业年金政策可以做出这样的推论，即年金制度建设如果刺激了经济结构，那么随着该结构的演进，将会带动着经济向增长、停滞或衰退的方向发展。政府可以更多地从经济政策的视角以投资的眼光看待年金计划。企业年金计划的建立对于企业、员工和整个社会的正效用是非常明显的。年金计划成为老年人经济安全的保障；企业年金计划的长期性和累积性使得年金基金积累起庞大的资产规模，增加国民储蓄，形成长期投资，助推国民经济增长；年金基金通过投资增加收益，帮助年金计划参与者共享经济发展的成果，也会吸引更多的员工加入不同类型企业年金计划，推动形成年金计划参与面扩展与年金基金累积量增加的共赢局面。因此，为私人养老金制度提供有效的税惠政策支持，正是能够为员工个人提供适当刺激的有效制度安排，其发展的结果将会促进整个养老保险体系效率提升，推动经济的繁荣与增长。发达国家的经验已经证明了这一点。

如何把年金计划的重要经济功能有效地开发出来，涉及政府在企业年金制度发展过程中的职责和功能定位问题，这是我国当前发展企业年金制度必须解决的关键问题。国际经验已经证明，政府给予税收优惠是推动年金制度的“引擎”。但是，一国的税收优惠政策又与本国的基本养老保险制度有密切的联系。本章将对企业年金制度在我国养老保险体系中的作用和性质进行探讨，比较国外情况分析我国年金制度所处的发展阶段，探讨我国当前发展企业年金计划可能采取的税惠政策，并从实证的角度进行可行性论证。

第一节　企业年金具有准公共产品性

企业年金准公共产品特性的认定可从理论基础、资金来源、目标作用等方面综合考虑。回顾第二章中关于年金产生理论基础的相关文献可知，这些理论在论证企业年金保障职工老年生活时，大都突出了社会责任问题。生命周期假说认为，由于劳动者的收入曲线呈抛物线形状，为维持其长期稳定的消费，将劳动期间所得收入提出一部分进行储蓄，作为退休生活来源，以满足老年生活需要是必需的。延期工资理论认为，雇主通过年金制度达到一定的经营管理目的，同时可将雇员的收入进行时间上的再分配，通过半强制性的储蓄和风险分摊制度安排，保证雇员的老年经济安全，承担社会养老责任。人力资本折旧说认为，雇员的工作会耗损个人的人力资本，使生产能力降低，雇主应该给予相当于充分折旧的退休金。这是雇主对年迈雇员应承担的不可推卸的责任。可以看出，这些理论把年金制度定位于维护老年人的经济安全，是在承担一种社会养老责任，进而促进社会的公平与正义。在我国，政府作为年金政策的制定者和养老制度变迁的主要推动者，对企业年金的这种性质和发展目标必须认识清楚。①

根据《中国企业年金财税政策与运行》课题组的定位，企业年金制度既是一国养老保险的重要支柱，也是企业福利计划的重要内容，它是通过国家政策的引导，由企业和员工在依法缴纳基本养老保险费的前提下，自愿建立的补充养老金计划，是国家建立多层次养老保险体系的重要内容。②根据这一定位，本研究认为，企业年金制度只要承担了社会责任，有效地分担了社会养老的压力，就具有公共产品的部分特性，政府在养老保险制度设计中应该充分给予考虑和支持。

企业年金具有准公共产品性质，年金制度的建设和发展都离不开政府的支持。提供制度框架是政府在养老保险体系建设中的首要职责。政府在提供制度安排中的关键问题在于提高制度的公平和效率，这是保证制度合理性和可持续性的重要前提。目前我国政府所提供的企业年金制度，显然不符合上述要求，没有促进年金制度的可持续发展，让年金制度停滞于社会的特殊领域，无法发挥其准公共产品的作用。因此，明确企业年金的准公共产品性质，就是要求政府的相关政策要具有明显的让利和服务特色。在发展企业年金制度方面，把眼光放长远一点，在进行企业年金税惠政策设计时，更多地考虑

① 牛海，李洁明．论制约我国企业年金发展的主要障碍及对策［J］．江西财经大学学报，2010（5）．

② 中国企业年金财税政策与运行，本书课题组，北京：中国劳动社会保障出版社，2003：p. 1.

广大中小企业及其员工的要求，把当前促进中小企业年金发展的直接目标，完善社会保障制度的中期目标，协调社会公平与效率的关系，促进国家整体利益，实现社会福利最大化的长远目标有机地结合起来。

第二节 发展企业年金的有利时机

2010年以来，根据《中共中央关于制定十二五规划的建议》等多项党的决议与政府工作报告的指导思想，加快我国社会保障体系的建设成为一项重要的任务，也是我国加强民生建设的重要内容。其中《中共中央关于制定十二五规划的建议》中明确指出，未来五年，我国要健全覆盖全民的社保体系，实现“新农保”的全面覆盖，进一步完善城镇职工和居民养老保险制度，推进基础养老金全国统筹工作……发展企业年金和职业年金，积极稳妥推进养老基金投资运营。“十二五”期间要完善社会保障体系，为推动企业年金制度发展提供了有利的条件。上述指导意见给我国养老保险体系的改革与发展提出了明确的发展方向。我国养老保险体系建设的目标应该向多层次、多支柱的方向发展，企业年金计划就是其中重要的内容。企业年金的发展具有三个不同阶段：雇主自发阶段、政府调控阶段、社会保障整合阶段。我国企业年金的发展已经无法慢慢等到雇主自觉的第一阶段，因为人口老龄化是人为干涉的，所以直接需要进入第二、三阶段的发展。但是，目前我国企业年金市场遇到发展瓶颈，主要是覆盖面较窄，只有占企业总数很少比例的国有垄断大企业为职工建立了年金。占企业数量绝大多数的中小企业解决了绝大多数城镇就业人口的工作问题，但很少有中小企业为职工建立年金计划。所以，目前我国企业年金计划发展的重点工作是，考虑如何引导数量巨大的中小企业为员工设立年金计划，尽快扩大年金计划的覆盖面，减轻基本养老保险基金的支付压力，有效应对我国来势猛烈的老龄化浪潮。

第三节 实施企业年金税惠政策的前提

明确了企业年金的准公共性质，说明政府有责任促进企业年金的发展。至于政府责任体现的程度如何，用什么方式推动年金计划的发展，推行怎样的税收优惠政策以促进年金计划的发展，有一些基本问题需要考虑：本国的基本养老保险制度建设水平如何？政府财政为此做出了怎样的贡献？普通民众的基本养老金水平如何？老龄化程度怎样？现有的养老金制度能否应对老龄化问题？

一、政府与个人的养老责任区分

社会保障理论认为，基本养老保险（公共养老金）保全民、保基本。政府财政保障的基本职能是确保绝大多数老年人的基本生活。我国正在探索建立全民的基本养老保险体系，存在“大一统”还是“碎片化”的争论。根据我国社会主义的国家性质和国际经验，基本养老保险全国统筹是大方向。面对规模庞大的老年人口数量，以财政托底的筹资方式显然不可能保持高水平的保障。养老是政府、企业和个人的共同责任，要想获得较好的保障水平，则必须依靠企业和个人的进一步参与和努力。发展企业年金是解决这一问题的有效办法。由于我国的中小企业员工占城镇就业人口的80%，这部分人的未来养老形势很严峻，即便将来把中小企业员工全部纳入基本养老保险，也只能是保基本，更好的保障还需要企业年金。根据老龄化发展较早国家的情况，企业年金已经成为发达国家养老金三支柱中重要的第二支柱（见表3－5），替代率普遍达到20%－30%，甚至更高。美、英等国职业年金计划普及率接近50%，积累年金资产数额巨大，保障效果较好。①我国只有大力发展中小企业年金，壮大第二支柱，才能减轻政府财政支付压力，有效应对老龄化挑战。②

一个国家对企业年金实行什么样的财税政策，主要取决于企业年金所扮演的角色，即企业年金与公共年金之间的关系。在公共年金中，国家主要起着组织和管理的作用，通过强制力来缔结和保证代际及代内之间养老保险合约的履行。由于经济、人口、政治和文化传统等的不同，各国公共年金的待遇水平相差较大。企业年金的建立则是由雇主与雇员缴费，国家除了给予税收上的优惠外，一般不承担任何财务责任和风险。但为了保护雇员的利益，对于待遇确定型企业年金，国家一般都要求企业或年金基金参加再保险。现在成为主流模式的缴费确定型企业年金计划，则完全由个人承担年金计划运营的风险。

---

① 郑秉文．中国企业年金发展滞后的政策因素分析——兼论“部分TEE”税优模式的选择［J］．中国人口科学，2010（4）．

② 牛海．中小企业年金的重要作用及发展路途分析［J］．兰州学刊，2010（11）．

二、我国社保支出水平较低

现代社会，社会保障支出是各国社会性公共支出的最重要组成部分。在社会保障支出中，一部分是国家财政直接支出的基本养老金，另一部分是政府给予企业年金计划税收减免的间接支出。近年来，发达国家养老金支出占GDP的比重已经相当高。OECD国家平均公共养老金支出占GDP的比重达到6.5%，占财政支出的比例更高，这其中还包括给予企业年金的税惠支出部分。相比较而言，我国社会保障支出所占财政收入的比例、占GDP的比重，不仅远低于经济合作与发展组织国家，而且与“金砖”国家相比也相形见绌，其中养老金的支出比例更低。数据的差距当然与各国老龄化程度的不同有关，但不可否认的一点是，我国财政对社保的投资并不多，2010年的社保投入只占财政支出的10.2%，这一比例比2008、2009年度还略有下降。

表3-1 社会保障与就业支出占财政支出的比重 单位:%

财年国家	2000	2004	2005	2006	2007	2008	2009	2010
巴西	33	35	35.8	31.4	33.2	31.9	31.0	35.5
中国					10.9	10.9	10	10.2
南非	10.4	12.0	12.7	13.1	12.9	12.7		

资料来源：根据国家统计局网站金砖国家统计手册整理。

但是，与我国社会保障支出比例不高形成强烈反差的是，我国所得税收入比例处于比较高的水平。从与其他“金砖”国家的比较可以明确地看出，我国所得税收入的比重远远高于俄罗斯等国，这说明我国的税收并没有真正取之于民，用之于民。收入与支出结构不合理，需要进行调整。对企业与个人所得税给予优惠，以促进企业年金发展还有很大的空间。

表3-2 “金砖”四国所得税收入占财政收入比例 单位:%

财年国家	2000	2004	2005	2006	2007	2008	2009	2010
巴西		17.3	18.9	18.7	19.4	20.5	19.9	
中国	12.4	21.6	23.5	24.5	23.4	24.3	22.6	21.3
印度	3.5	4.3	4.5	5.0	5.4	5.8		
俄罗斯	8.3	10.6	8.2	8.8	9.5	10.4	12.2	11.4

资料来源：国家统计局金砖国家联合统计手册2011。

注：所得税收入=企业所得税+个人所得税

近年来，我国财政收入连年大幅增长，2005年，我国财政收入超过3万亿元，2008年跃上6万亿元，2011年突破10万亿元，年均增长达20%以上。到2010年底，我国20多年积累的企业年金基金2809亿元，占GDP的比重不到1%。快速猛增的财政收入，为保障和改善民生提供了坚实的财力支撑，给企业年金实行税收优惠政策的财力条件已经具备。以税惠政策促进企业年金的发展，可改变目前国富民穷、居民收入增加缓慢的不利情况，促进年金养老金的储备，以应对老龄化高峰期支付压力。

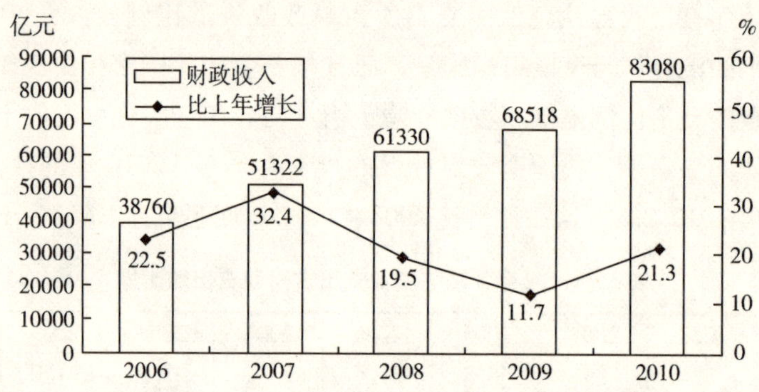

图3－1　2006－2010年我国财政收入及增长速度

资料来源：2010年国民经济和社会发展统计公报。

三、基本养老金替代率逐年下降

我国基本养老金的设计替代率为58.5%，制度刚建立不久，全国许多地方的实际替代率超过了这个数据。但是近几年随着工资上涨幅度的提升，养老金替代率一直走低。2006到2010年间，我国多次提高企业退休人员养老金待遇，2010年底，全国企业退休人员养老金待遇平均每月达到1370元，虽然5年内翻了一番，但是在全国大部分地区也就只能够吃饭的钱。根据上海市人大代表李春平《关于加快补充养老发展，增强上海养老保障体系可持续发展能力的调研报告》显示，[①]截止到2010年底，上海市企业退休人员月平均养老金2082元，按上海市社会平均工资计算的替代率为53.4%，按上海市城镇非私营单位在岗职工年平均工资计算的替代率仅为31.86%，较之同口径测算的

① 李春平．关于加快补充养老发展，增强上海养老保障体系可持续发展能力的调研报告［N］．新民晚报，2011－10－24.

全国社会平均工资替代率为44.26%。在岗职工平均工资增长幅度加快，速度明显快于退休人员养老金增长水平。退休人员养老金水平的增长率设定按在岗人员工资增长率的40% -60%计算，比例低且实践中没有得到很好的执行。虽然2006年以来，国家连续5年提高养老金水平，但差距还是越来越大，以全社会平均工资计算的养老金社会平均替代率越来越低，从2002年的63%一直下降到2010年的50%以下。根据国家统计局公布的数据概算，2010年按全国社会平均工资计算的养老金替代率为45.07%，而且还有继续下降的趋势。

表3-3　2002年以来我国养老金社会平均替代率

时间	在岗职工平均工资（元）	比上年增长	城镇职工人均养老金收入（元）	比上年增长	养老金社平替代率
2002年	12，422.00	14.28%	7879.85	0.01%	63.43%
2003年	14，040.00	13.03%	8087.92	2.64%	57.60%
2004年	16，024.00	14.13%	8536.29	5.54%	53.27%
2005年	18，364.00	14.60%	9250.83	8.37%	50.37%
2006年	21，001.00	14.36%	10563.71	14.19%	50.30%
2007年	24，932.00	18.72%	12041.30	13.99%	48.30%
2008年	29，229.00	17.23%	13933.18	15.71%	47.67%
2009年	32，736.00	12.00%	15316.00	9.92%	46.79%
2010年	37，147.00	13.47%	16740.68	9.30%	45.07%
2011年	42，452.00	14.30	18700.56	11.70	44.05%
2012年	47，593.00	12.11	20900.39	11.76	43.91%

资料来源：根据国家统计局统计年鉴各年整理而得。

在养老金社会平均替代率水平持续降低的情况下，国家各级财政每年还要拿出大量资金来补贴基本养老保险，2010年为1954亿元，远高于实行企业年金所面临的税惠支出。这样下去政府财政很快将无法承受。所以，需要对现行的养老保险体制进行反思，为什么缴费率很高，替代率却很低？造成这种局面的制度设计肯定存在不足的方面，需要通过养老金体系的综合调整进行改革完善。单一支柱的养老金来源格局必须进行改革。

表3-4　2002年以来全国基本养老保险收支及各级财政补贴情况（亿元）

年份	基金收入	基金支出	支出增速	财政补贴	补贴增速	累计结余
2002	3171.5	2842.9	22.5%	408.0	22.3%	1608.0
2003	3680.0	3122.1	9.8%	530.0	29.9%	2206.5
2004	4258.4	3502.1	12.2%	614.0	15.8%	2975.0
2005	5093.3	4040.3	15.4%	651.0	6.0%	4041.0
2006	6309.8	4896.7	21.2%	971.0	49.2%	5488.9
2007	7834.2	5964.9	21.8%	1157.0	19.2%	7391.4
2008	9740.2	7389.6	23.9%	1437.0	24.2%	9931.0
2009	11491.0	8894.0	20.4%	1646.0	15.5%	12526.0
2010	13420.0	10555.0	18.7%	1954.0	18.7%	15365.0

资料来源：中国统计年鉴各年，由于2001年的财政补贴数据缺失，2002年的增速为平均值。

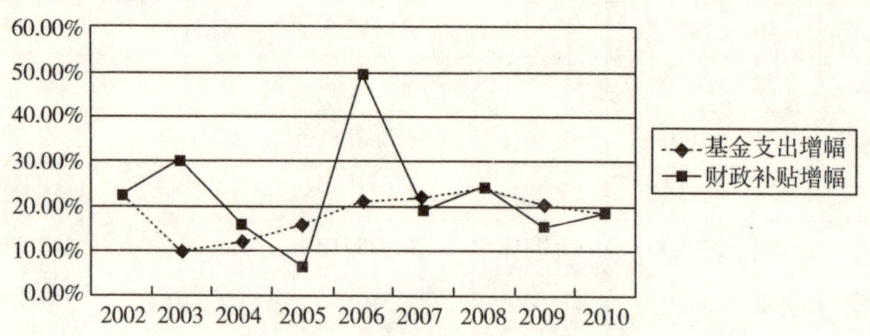

图3-2　养老保险基金支出增长率与财政补贴增长率比较

可以看出，随着我国人口老龄化程度的加深，基本养老基金支出的增幅和财政补贴的增幅都在大比例上升。虽然我国财政收入近年来增长比较快，但补贴按照这样的幅度增加下去，到老龄化高峰期恐怕难以为继。

另外，据墨尔本—美世全球养老金指数显示，2011年中国养老金体系虽有所进步，养老金体系指数为42.5，但在全球排第16位，低于印度的第15位和巴西的第9位，远低于欧美发达国家。①该指数以40多项指标为评估基础，划分为三大类二级指数体系：充足性指数、可持续性指数和全面性指数。总体数值越高，养老金体系越稳健。该报告指出，2010年以来中国颁行了《社会保险法》，改善了养老金监督管理的法律框架，开始全面建立农民和城市居民的养老保险制度。为了

① http：//cn. mercer. com/home#.

帮助中国人储蓄更多的退休金，应对即将到来的养老金支付高峰，中国的养老金体系必须进一步改革，主要办法包括扩大基本养老保险制度的覆盖面，鼓励建立企业年金计划等等。可见，降低基本养老保险的责任，以税收优惠方式促进企业年金的发展是全世界通行的做法，也是先发国家以多支柱形式分解基本养老保险的压力，降低国家养老保险的直接责任，把部分养老责任转移给第二支柱以应对老龄化的有效办法。目前，先发国家多支柱体系已经趋向成熟，在养老保险体系内扮演着越来越重要的角色，第二支柱的替代率水平大都在30%以上。

表3－5　部分国家养老金的多支柱特征比较（男性）

	强制公共养老金			强制私人养老金			自愿DC			强制性养老金			所有养老金		
	0.5	1	1.5	0.5	1	1.5	0.5	1	1.5	0.5	1	1.5	0.5	1	1.5
澳洲	40.1	14.6	6.2	26.9	26.9	26.9				67	41.6	33.1			
捷克	79.2	49.7	36.4				11.6	11.6	11.6				90.8	61.3	48
德国	43	43	42.6				18.3	18.3	18.1	43	43	42.6	61.3	61.3	60.8
希腊	95.7	95.7	95.7							95.7	95.7	95.7			
匈牙利	50.7	50.7	50.7	26.2	26.2	26.2				76.9	76.9	76.9			
墨西哥	23.8	4.6	3.1	31.4	31.4	31.4				55.2	36	34.5			
英国	51	30.8	21.3				39.2	39.2	39.2	51	30.8	21.3	89.3	70	60.6
美国	50.3	38.7	34.1				40.1	40.1	40.1	50.3	38.7	34.1	90.4	78.8	74.2

资料来源：根据Retirement－Income Systems in OECD Countries（2009）相关资料整理。

上表阴影部分是各国建立的第二支柱情况，我们可以看出一条基本规律：基本养老金制度发达、替代率高的国家，企业年金替代率较低，二者之间形成配合与补充的关系。与其他国家多支柱的情况形成明显的反差，中国退休人员的养老金收入只依靠基本养老金一项支撑。在我国养老保险制度改革后，体制转轨造成养老保险基金面临日益显现的巨大隐性债务。近年来，国家在基本养老保险方面也加大了投入，各级各届政府不断用补贴、冲债等办法解决债务问题，导致财政背上了非常重的包袱，但基本养老保险基金中的隐性债务还是没有得到根本性的解决。由于制度设计的原因，养老保险中的个人账户空账问题已经十分严重，可以说是“旧债”未了，又添“新账”。我国人口老龄化将在未来20－30年迅速发展，老年人口大幅增长，养老保险制度面临的形势非常严峻。目前我国实行的以财政托底的办法来应对养老金支付缺口的做法不是长久之计。单一支柱式养老金来源无法应对我国的养老问题，必须尽快发展各类形式的补充养老保险。上表中我们可以发现，单一支柱的希腊公共养老金替代率2009年达到95.7%，给国家财政带来沉重负担，最终在经济波动的影响下爆发主权债务危机。而其他一些发展程度相仿或经济发展水平比希腊低的国家，比如匈牙利、墨西哥等国，由于实行了比较合理的养老金安排模式，第二支柱年金的替代率达到30%左右，经济危机环境下并没有引起大的养老金危机，值得我国借鉴。

总之，我国现行基本养老保险制度最大的不足是，缴费率高，替代率低，需要大量的国家财政补贴。这样低效率的制度不可能长期运行下去，也不会源源不断地供给养老需要的养老金。

第四节　发展企业年金亟须税惠政策支持

一、我国现行年金税惠政策简介

总结现有的各类法规及政策，针对企业年金计划的税收优惠规定都比较模糊和勉强，概括来说就是不统一、不明确、不给力。税收优惠政策激励企业年金发展的总体力度较弱。下文将就我国年金税惠政策关于企业和个人分别在年金缴费、投资收益、养老金领取这三个不同环节的具体规定作一简要分析。

针对企业缴费的税收优惠法规层次低，规定不统一。我国《税法》中针对企业年金计划优惠的法规至今是空白，最早的税惠文件是《国务院关于印发完善城镇社会保障体系试点方案的通知》，即大家熟悉的国发〔2000〕42号文件，其中第2项第10款规定："企业缴费在工资总额4%以内部分可从成本中列支。"2004年5月，新颁布实施的《企业年金试行办法》沿用了42号文件4%的优惠规定。此后，上海、福建等26个省市以政府文件的形式，相继出台了本地区的企业年金税收优惠政策。企业缴费税前列支比例一般为企业工资总额的4%－12.5%。由于是非强制性的指导意见，真正建立年金的企业数量在地区间、行业间存在巨大差距，该项优惠政策并没有促进广大企业特别是中小企业为员工建立企业年金计划。直到2009年6月，按照有关部门《关于补充养老保险费 补充医疗保险费有关企业所得税政策问题的通知》要求，从2008年1月1日开始，企业按照政府的相关政策，给本企业员工缴纳的补充医疗保险费、补充养老保险费，分别在工资总额5%以内的部分在税前予以扣除。[①]

针对员工个人的税惠政策始终没有出台。上述42号文件只是规定企业缴费阶段的免税政策，没有考虑个人缴纳年金费用的税惠问题。从国税总局《关于企业年金个人所得税征收管理有关问题的通知》（2009年）中可以发现，年金计划企业缴费税收优惠的比例确定为5%，全国统一执行。不过对于企业年金计划中的个人缴费部分，是不能从当月工资、薪金中进行税前扣除的。另外，企业缴费部分进入个人账户时，在不与正常工资和薪金合并的情况下，只作为员工一个月的工资、薪金，不再扣除任何费用的条件下按照“工资、薪金所得”项目，确定对应的税率计算应纳的个人所得税。对企业按照季度、半年或年度进行缴费的，在计算个人所得税时，不能再平均还原到各个月份，只当作该月的工资、薪金收入，并在不扣除任何费用的情况下计扣个人所得税。上述规定表明，我国给予年金的税收优惠政策中，对个人而言，只是把企业缴费单独按照一个月的工资、薪金来纳税，没有给企业年金免、减、延税的优惠待遇。这使得员工没有参与企业年金的积极性，这也是目前发展企业年金计划最大的制约因素之一。另外，对企业年金基金投资收益也没有明确的免税规定，养老金支付阶段也只是比照基本养老金的相关规定执行，大家都认为是养老金的一种类型，所以应该免税。

总之，当前参加企业年金计划时，个人缴费部分是前端征税；企业缴费部分在记入个人账户时也要征税，只不过适用了较低的税率。对于企业年金在投资收益和领取环节如何征税，该通知并没有涉及，这给实际管理部门留下了巨大的操作空间，可以征税，也可以不征税。目前的税惠政策关注前端征税比较多，而对中端和后端征税没有做出任何明确的规定。这很能从侧面说明企业年金制度现在面临的问题：一方面政策当局只重视当前的税收收入，并不关注长期的年金制度建设。另一方面也表明，决策者并没有真正重视企业年金制度建设，没有把年金制度纳入建设和发展多层次养老保险体系的整体框架中进行全面的考虑。所以，目前的企业年金税惠政策还是不完整、不明确的，税惠模式只是一种“半推半就”式的临时规定，并没有在制度层面得到彻底的解决。

二、国外企业年金税惠经验借鉴

根据国外的实践，国家通过税惠政策支持企业年金计划的作用通常体现

① 崔岩，殷琛，郭月梅．企业年金所得税新政解读及筹划［J］．企业管理，2010（8）．

在三个环节上：第一，雇主、雇员缴费在税前列支；第二，基金投资运营收入免税或延税；第三，年金支付阶段免税。不同环节上的征、免税构成了不同的税惠模式，借助征税（tax）和免税（exempt）的英文第一个字母进行概括表示。这里只提出常用的几类：EET 模式，即在缴费和投资收益的环节免税，在养老金的领取阶段征税；ETT 模式，即在缴费环节免税，在投资收益和养老金领取环节征税；TEE 模式，在缴费环节征税，在投资收益和养老金领取环节免税；TTE 模式是指在缴费阶段、投资收益阶段纳税，到了领取养老金时是免税的。上述几种模式中，EET 和 TEE 税制只针对年金的本金部分征税，区别是在当期征税还是延期征税的问题；ETT 和 TTE 税制要对年金的本金与收益两部分都进行课税，因此得名为综合税。这两种税制的主要区别仍然是当期征税还是延期征税的不同。从鼓励人们提前储蓄养老金的政策意图来看，本金税优于综合税。如果比较 EET 和 TEE 两种征税组合，尽管多位学者研究证明这样的税收激励是中性的，但从人们的心理感受角度来看，后期征税比前期征税的激励效果更好一些。

国家的体制不同，养老保险制度就各异，相应地企业年金在不同国家养老保障体系中的作用也不一样，针对年金的税惠政策差别也较大。总结各国的养老保险体制，发现大部分工业化国家都采用 EET 制的年金税惠模式，只有在公共养老金待遇已经很高的国家，政府才对企业年金的税收优惠政策不太重视。典型的例子是丹麦，该国采用部分 ETT 模式，对投资收益以优惠比例征收部分所得税。

EET 模式是发展企业年金计划的主流税惠模式。从表中可以看出，工业化国家发展企业年金计划时普遍采用 EET 税惠模式。由于这些国家的税制一般实行综合所得税制度，针对企业年金计划的 EET 税惠模式就更加能够体现出这些国家对企业年金计划的税收优惠。因为综合所得税制下，年金税制要求实行 ETT 模式或者 TTE 模式征税。可见，实行 EET 税制是这些国家政府对发展年金计划做出的巨大努力，它非常有利于鼓励企业雇主和雇员进行缴费。但是，EET 征税模式也有缺陷，主要是会减少政府当前的部分税收收入，造成政府即期面临财政压力。如果一国的财政状况不佳，那么这种税制就很难推行。相比 EET 税制，TEE 税制有利于政府增加当期的税收收入，缓解目前的财政压力，但它给企业和个人的税惠幅度较小，并且在缴费阶段无法直观地表现出来，给企业和个人造成了既缴税又无法支配现金的困惑，很难调动雇主和雇员参加企业年金计划的积极性。另外，TEE 税制让政府在当前增加税收的同时，放弃了对年金计划积累基金的未来征税权，等到职工退休后老龄人口增加时，政府将无法在人口基数巨大的养老金领取者身上征税，税收征收的基数也会逐渐变小，势必会影响到财政收入问题。所以，多数国家选择对企业年金计划实施 EET 税惠制度是可以理解的。

表 3－6　部分 OECD 国家企业年金计划征税模式比较表

国家	缴费	投资收益	养老金领取	总体税制
英国	E	E	T	EET
比利时	E（TC）	E	T/PE	部分 EET
丹麦	E	PT（15%）	T	部分 ETT
德国	E	E	T/PE	部分 EET
希腊	E	E	T	EET
西班牙	E	E	T	EET
法国	E	E	T/PE	部分 EET
意大利	E	PT（12.5%）	T/PE	部分 ETT
爱尔兰	E	E	T/PE	部分 EET
荷兰	E	E	T	EET
奥地利	T（PE）	E	T/PE	部分 TET
葡萄牙	E（TC）	E	T/PE	部分 EET
芬兰	E	E	T	EET
瑞典	E	PT（15%）	T	部分 ETT
美国	E	E	T	EET
加拿大	E	E	T	EET
波兰	E	E	T	EET

资料来源：Antolin et al（2004，p. 29）and Yoo and de Serres（2004，p. 80）.

注：TC = Tax credit；PE = Partial exemption；PT = Partial taxation.

EET 税惠模式下最大的受益主体是年金计划参加者个人。最为典型的例子是美国 401（k）计划。该计划规定雇主有 5 人以上员工就可以发起成立一个 401（k）计划，享受政府的税收优惠。优惠幅度是个人缴费月工资的 15%，可从税前扣除进入 401（k）账户，如果再加上雇主缴费部分可以提高到 25%。但是为了限制高收入者缴费，个人缴费有最高限额，每年最高不超过9500美元（1997年）。事实上，401（k）计划的相关规定来自税法，雇员在领取薪水时可以办理缴纳个税以及延税养老金计划等手续，雇员只要办理了相关手续，就可进入401（k）计划的“自动登记”程序，参与计划非常方便，享受的优惠幅度也很大，所以发展非常迅速。2010年底，美国共有53.6万个401（k）计划，覆盖7400万员工，约六成将要退休者的家庭拥有401（k）退休计划。401（k）计划总资产达3.075万亿美元，占美国GDP的20.9%。可见，只有对员工个人缴费也有一定比例的免税和延税优惠，个人参与的积极性才会高涨。因为在缴费确定型企业年金计划中，个人参与缴费事实上就是一种延税型储蓄，是储蓄的替代办法。因此，很多国家的私人养老金计划中就包含“储蓄”内涵。最为典型的是“节俭储蓄计划”（TSP），这是美国政府为其雇员建立的养老金计划。既然具有储蓄的性质，需要个人参与缴费，如果没有税惠政策的激励，雇员个人既牺牲了目前的现金支配权，又要纳税后缴费，这时的缴费意愿被削弱，个人缴费规定就没有实际意义，缴费确定型年金计划就失去了存在的价值，职工积极性的受挫反过来会阻碍年金制度的进一步发展。从下图可以看到，OECD34个国家私人养老金总的缴费收入中，平均22%的部分是由于政府给予的税收优惠间接做出的贡献。可见年金制度成熟的国家，税收优惠政策的激励作用还是非常突出的。

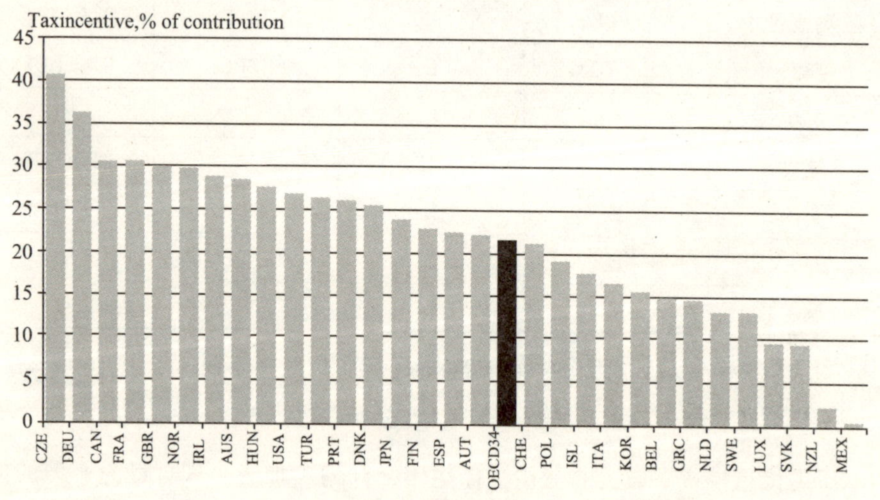

图3-3 OECD国家税收优惠对企业年金缴费的贡献额度

资源来源：Yoo, K. Y. and A. De Serres (2004), “Tax Treatment of Private Pension Savings in OECD Countries”, OECD Economic Studies, Vol. 39, No. 2, OECD Publishing, Paris, pp. 73-110.

注：上述比较是相对普通存款而言。税惠包括对雇主与雇员两方面。

三、我国企业年金税惠政策辨析

有些研究者呼吁，要真正促进我国企业年金计划的大发展，必须在税收政策上有大的改变，提高优惠幅度，把目前事实上针对员工实行的TTE税制，结合国家税制改革，改变为国际经验证明十分有效的EET税惠制度，以推动中国企业年金市场的快速发展。在当前，EET税惠模式几乎被学术界、实务机构公认为未来我国年金税惠模式的必然选择。根据人力资源和社会保障部社会保险研究所所长何平的测算，如果从2003年起，参加我国企业基本养老保险的企业都建立起企业年金计划，到2020年左右，企业年金计划的积累总额将达到4.75万亿元。这一时期内国家税收减免总额累计将达到9480亿元，这说明政府在减少1元的税收后，能使企业年金基金增加5元积累额。何平强调，今后政府发展企业年金制度的重要工作是要建立更加完善的税收政策。刘云龙等在《中国企业年金发展与税惠支持》一文中首先假设企业将原本以直接薪金方式发放给职工的现金收入改为以养老金方式发放，计算得出免征企业所得税导致的税收减少额为企业年金基金积累增加额的24.2%，进一步免缴个人所得税则减少额达到企业年金基金积累增加额的34.2%。另外他们还通过测算发现，该税惠政策在促进养老金增长的同时，税收损失对整个财政收入和税收收入的影响有限，只占到税收收入的不到1%。因此，在养老金缴费阶段实行税收优惠政策，是促进企业年金计划发展的低成本政策选择。在这些研究成果的支持下，学者们普遍认为缴费阶段实行税惠政策是成本较低，能够调动各方积极性的有效政策选择，因此EET税惠制度是中国企业年金制度发展的必然选择。

综合其他研究成果，笔者认为从长远看，EET税制确实是促进我国年金制度发展的税制选择。但是，目前年金税惠政策的选择要从中国的实际情况出发，在考虑政策效果的同时，还要考虑推出政策的时间节点、社会承受能力、相关改革配套措施能否跟上。否则，再好的制度也只是空中楼阁。我国推行EET税制，本身就是件十分复杂的事情。首先，从全局角度来看，优惠政策在起到鼓励企业发展年金作用的同时，也会造成某种程度上的社会不公，比如对一些收入比较高的阶层还进行免税是否合适的问题。第二，从微观层面来看，它可以照顾到在中小企业工作的收入较低的部分群体，但也可能给垄断企业滥用税收优惠政策提供更多机会。第三，从对年金市场机制的作用考虑，税惠政策可以在市场本身无法启动年金大发展的情况下，对相关主体的行为产生矫正作用，但也可能造成纳税人某些经济行为的扭曲，成为某些人特别是高收入者避税的工具。第四，也是最重要的一点，相关法律法规的配套问题。我国目前的个税是分类所得税，任何形式的养老金都是不征税的，不管养老金是否超过纳税标准。如果要实行养老金的EET税制，就需要对所有税制进行根本性的改革，这显然在短期内是不现实的。所以在各项条件还不具备，整体环境还不太成熟，配套措施还跟不上的情况下，强行推动EET税制未必可靠。考虑到上述情况，本文尝试走一条折中办法，把我国企业年金税制建设分成三个阶段，第一个阶段就是已经过去的时期，第二个阶段是本文提出的实行“阶梯TEE制”税惠政策阶段，第三个阶段是年金制度发展成熟后实行EET税制阶段。本文将重点讨论第二个阶段的“阶梯TEE制”税惠政策。

四、当前我国年金税惠政策选择——“阶梯TEE”税惠制度

国外经验和相关研究都表明，发展企业年金的最优税惠模式是EET制，但是对于中国来说这只能是长远发展目标。由于国内的税制改革还没启动，目前实行的分类所得税制对企业年金税惠模式的选择存在较大的制约，单独为发展企业年金而推动我国税制大变动是不现实的。考虑到我国的《个人所得税法》等规定分类税收的法规制度的修改不是一朝一夕之事，牵涉面大，难度也很大，等到这些税制完全改革后再发展企业年金计划就太晚了。在老龄化快速发展的环境下，企业年金税惠模式的选择要在现有的大环境下发展起来，就要在与现存的税制不发生大的冲突的基础上，通过政策微调以较低的制度成本，推进年金税惠政策的改善。等发展年金计划的经济、社会、税制进一步成熟规范后，再转向EET税惠制度。这在当前过渡时期是一个比较现实的选择。

鉴于上述情况，综合考虑我国的税制安排，笔者认为在现行税制下，要很好地把年金制度“嵌入”到整个养老保险体系，以推动年金的发展，应对老龄化危机，就要把年金制度的税收优惠模式给予明确，实行与现存制度冲突最小的、成本最低的“阶梯TEE制”，也就是前端按比例给予进入个人账户的缴费一定优惠，中端和后端明确规定免税，以减少制度的模糊空间，降低不确定性，提高企业年金制度的公信力，减少涉及年金制度的乱象，降低制度运行成本。

本文提出的“阶梯TEE”税惠制度，是指国家出台明确的全国统一的企

业年金税惠政策，把现存的税收政策明确化、具体化，即企业年金缴费实行前端缴费征税，中端的投资收益和后端养老金领取阶段免税，让参与者做到心中有数。在此基础上，为调动员工参加企业年金计划的积极性，在实行年金缴费前端征税时，实行差别对待。首先，企业缴费部分固定在现存模式，即企业缴费占工资总额5%部分从成本中列支，且企业缴费以5%封顶，不得突破。企业缴费进入个人账户时，纳税情况与个人缴费统一考虑；年金个人缴费部分也以5%封顶，总计10%的年金缴费进入个人账户时，可以参照个人所得税的起征点，给予全部缴费中2.5%的部分享受免税待遇，7.5%的部分单独按一个月工资、薪金计算个税。如果个人不缴费，企业缴费部分进入个人账户也可享受2.5%部分的免税待遇。总体上，年金缴费在进入个人账户时，员工个人能够得到政策规定的企业缴费一半的免税待遇，这样既可调动职工的积极性，也可给各种收入水平的职工以一定的选择权。低收入职工在得到企业缴费部分的同时，也享受到免税的待遇。高收入者可享受2.5%部分的免税待遇，超过部分不能享受任何税收优惠待遇。

表3－7 “阶梯TEE制”税惠模式图示

缴费来源 税惠比例		进入个人账户	免税比例	税惠比例	总税惠幅度
计划一	个人缴费5%	5%	2.5%	2.5%	10%
	企业缴费5%	5%	0	5%	
计划二	个人缴费2.5%	2.5%	2.5%	0	7.5%
	企业缴费5%	5%	0	5%	
计划三	个人缴费0	0	0	0	5%
	企业缴费5%	5%	2.5%	2.5%	

注：此处税惠是指年金进入个人账户后单独按工资、薪金收入征税，不与正常工资合并计算。

“阶梯TEE制”税惠模式，是在我国现行税收制度下，与各类税收法规没有大的冲突的基础上，最方便运行、最简便易行、成本最低的一种新税收制度安排。下面测算一下这种制度安排的成本与收益。

五、替代变量的设定与成本计算

假设职工工资增长率5%的部分全部转为企业年金，在缴费阶段减免的企业所得税收损失是可以估计出来的。企业给员工建立年金计划，至少在短期内（1－2年）年金缴费部分可以替代职工工资的增长。我国的大型国有企业基本上都建立了企业年金制度，现在要推行年金计划的企业主要集中在集体和私营经济领域的广大中小企业。这些企业所面临的劳动力市场竞争性比较强，作为劳动力买方的广大中小企业不会在建立年金缴费的同时，还以正常工资增长率给员工增加工资。所以，在推行本文设想的“阶梯TEE制”税惠模式后，用这些企业近几年工资增长率、增长幅度的平均值作为替代变量，来衡量2年内这些中小企业建立年金计划的积累总额、增长率是可行的。

表3－8　职工工资总额和指数

年份	工资总额（亿元）			指数（上年＝100）		
	国有企业	集体企业	其他企业	国有企业	集体企业	其他企业
2002	8948.6	828.1	3384.4	107.1	95.8	129.6
2003	9693.8	829.4	4220.3	108.3	100.2	124.7
2004	10777.2	838.4	5284.6	111.2	101.1	125.2
2005	12009.2	867.8	6912.8	111.4	103.5	130.8
2006	13600.1	944.9	8720.8	113.2	108.9	126.2
2007	16291.4	1064.6	10888.0	119.8	112.7	124.9
2008	18957.0	1148.1	13608.8	116.4	107.8	125.0
平均增额/幅	1668.1	53.3	1704.1	12.5%	5.5%	26%

资料来源：中国统计年鉴2009。

注：把国有经济单位等同于国有企业看待，集体经济单位等同于集体企业。

上表以2002年的工资为基数，计算了到2008年连续6年的国有企业、城镇集体企业和其他企业工资总额和年均增长率。可以看出，国有和非国有企业连续6年工资的平均年增长额分别为1668.1亿和1757.4亿元。在增长率方面，国有企业职工为12.5%，城镇集体企业为5.5%，其他非国有单位为26%。集体企业职工工资总额6年内平均每年增长53.3亿元。其他非国有企业单位职工工资总额年均增长1704.1亿元。

由于实行更加优惠的税收政策，也就是在现有的企业缴费的5%部分进入成本列支后，再给进入个人账户2.5%的部分优惠，刺激了企业和职工的双重积极性。假如开始大规模地在非国有经济单位广泛建立年金计划，由于企业缴费优惠的上限是5%，我们把工资增长的5%左右都转化为年金，就可以计算出这部分年金缴费享受到的税收优惠额度来。

下面分不同性质的单位来计算：由于国有企业大多已经利用优惠政策建立起年金，给予上述优惠政策时，只考虑在进入个人账户时2.5%部分的免税政策和另外7.5%单独计税造成的税收流失。集体企业和其他企业对企业缴费5%部分从成本中列支和进入职工个人账户时的税收优惠部分都要考虑进去。

（一）国有企业

假设条件：建立年金初始阶段年金资金主要来源于工资增加部分，国有企业职工适用的个税税率为20%，国有企业职工工资的2.5%部分进入个人账户时免税，即：

个人所得税减免额：333.6×0.2＝66.72（亿元）

另外的2.5%个人缴费，按照现行的税收优惠政策，可以按照单独一个月的工资、薪金计算个税，考虑到国有经济单位的人均收入比较高，这里假设适用新个税法中的第二阶税率即10%：

个人所得税优惠额：333.6×0.2－333.6×0.01＝33.36（亿元）

如果实行新的"阶梯TEE"税制，第一年对国有企业职工新增加年金缴费的免税额度为100.08亿元。

（二）集体企业

根据统计数据，集体企业的工资总额年增长率为5.5%，假设第一年把5.5%的工资增长率全部转化为企业年金，也就是平均每年增加约53.3亿元的工资部分全部转化为年金。目前我国企业所得税率为25%：

企业所得税减免额：53.3×0.25＝13.33（亿元）

进入个人账户后，按照笔者的设想，由于集体企业的工资增长幅度并不高，假设第一年企业把职工工资总额的大约5%为职工加入了年金，不再增加职工的现金收入，职工在不加薪的情况下，也不会从个人工资中拿出2.5%存入年金计划。那么这5%的数额在进入个人账户后，其中有一半的部分，按照笔者设定的税收优惠计划进行免税。假设集体企业员工适用个人所得税率为平均10%，可以计算出税收减征额：

个人所得税减免额：53.3×0.1×0.5＝2.67（亿元）

另外的2.5%企业缴费，按照现行的税收优惠政策，可以按照单独一个月的工资、薪金计算个税，考虑到集体单位的人均收入比较低，这里假设适用新个税法中的最低税率即3%：

个人所得税优惠额：53.3×0.1×0.5－53.3×0.03×0.5＝1.87（亿元）

假设第一年只有企业缴费的情形下，资金进入个人账户后国家给予的税收减免总额为4.54亿元。

从上表可以看出，城镇集体企业员工的平均劳动报酬远低于其他企业。由于低收入者面临的劳动力市场是竞争性的，因此，他们的预期收入增长与实际收入水平有较大差距，企业主用年金计划缴费代替工资增长的部分，他们也只能接受。对于他们来说，现金收入的效用大大高于未来养老金收入。所以他们不会用没增加的工资来加入企业年金。假设他们第二年的工资增加5%，员工用工资增加的一半进行企业年金缴费，按照年金个人缴费占工资2.5%的部分可免税的优惠政策计算，那么第二年个人缴费部分个人所得税的免税额为：

53.3×1.05×0.5×0.1＝2.80（亿元）

第二年企业缴费部分损失的企业所得税为：

53.3×1.05×0.25＝13.99（亿元）

进入个人账户后，企业缴费可以按照单独一个月的工资、薪金计算个税，所得到的税收优惠额为：

53.3×1.05×0.1－53.3×1.05×0.03＝3.92（亿元）

两年内对集体企业人员建立企业年金免、优税总额在38.58亿元左右。

（三）其他企业

其他经济单位的组成比较复杂，既有员工收入较高的外资企业，也有收入较低的内资私营企业，由于数据采集困难，这里把他们当作一个整体看待。

其他经济单位近6年工资总额年均增加1704.1亿元，年均增幅为26%，考虑到我国私营经济处于快速发展时期，这样的工资总额增长也是正常的。现在假定税收优惠政策到位，企业第一年把工资增幅的5%缴费，个人第二年利用工资增长的2.5%部分缴费，两项缴费全部进入个人账户。

第一年：

企业所得税减免额：327.71（1704.10×0.05÷0.26）×0.25＝81.93（亿元）

进入个人账户后一半缴费免税：163.86×0.1＝16.37（亿元）

另一半缴费享受的优惠税收减免额：163.86×0.1－163.86×0.03＝11.45（亿元）

第二年：

假设工资只增长了5%，企业缴费的基数扩大，个人用增加的工资缴费：

企业所得税减免额：163.86×1.05×0.25＝43.01（亿元）

进入个人账户后享受的优惠税收减免额：

163.86×1.05×0.1－163.86×1.05×0.03＝12.04（亿元）

个人缴费部分所得税减免额：163.86×1.05×0.1＝17.21（亿元）

两年内，对其他单位人员建立年金的免税总额在182.01亿元左右。

把上述针对三类不同类型的企业年金税收优惠额度加总后再平均到一个统计年份，就可以得出由于推行企业年金的“阶梯TEE”税惠制度，政府对国有、集体和其他类型的企业与个人年金缴费减免的税收总额度在160.37亿元左右。这个数额只占2009年全国财政收入（68518亿）的0.23%，税收收入（59514.7亿）的0.26%，占所得税收入（15483.72亿元）的1.04%。按照目前所得税中央与地方6∶4分成的规定，中央税收减少96.22亿元，地方税收减少64.15亿元。无论是中央还是地方，都完全可以承担。

六、年金基金增长与替代效应

通过Matlab软件分析和计算，我们得到企业年金基金平衡模型：

$$sr=\frac{c(1+b)^{n}(b-r)[(1+b)^{n}-(1+b)^{m}]}{(1+p)^{m}(b-p)[(1+b)^{n}-(1+r)^{n}]}$$

上式中，sr代表替代率，c代表企业年金缴费率，p为工资增长率，m为缴费年限，n为职工预期退休后生存年限，b为年金基金投资回报率，r为通货膨胀率。

如果实行“阶梯TEE”税制，引导企业和职工参与建立企业年金计划，即使企业开始不按照5%的上限缴费，根据自己的运行情况按2.5%、4%等不同的选择比例缴费，在税惠政策的引导下，经过几十年的积累也可产生可观的替代效应。

表 3－9 相关影响因素组合下 30 岁职工的年金替代率预测 单位:%

缴费比例	工资增长率	预期投资收益率	通货膨胀率	养老金替代率	
				60 岁退休	65 岁退休
4	4	5	4	11.36	13.58
5	4	5	4	14.20	16.98
7.5	4	5	4	21.30	25.47
8	4	5	4	22.72	27.16
10	4	5	4	28.39	33.96

从中我们可以看出，实行企业年金确实可以实现一定程度的养老金补充，从而减轻基本养老金支付的压力。通过综合分析，我们可以认为企业年金的发展以当前较小的代价，在未来获得几倍于税收损失的养老金积累，是一项非常有利于社会养老保障的长期投资。政府有责任为此做出前期的制度安排。以城镇集体企业 2008 年年均收入 18103 元计算，在缴费比例、工资增长率、预期投资收益率、通货膨胀率分别为 5%、4%、5%、4% 的组合下，30 岁开始缴费 60 岁退休的员工，企业年金在退休 13 年内可实现工资 11.36% 的替代率。简单计算一下，城镇集体企业 2008 年年均收入 18103 元，年均工资增长 4%，到 2038 年，该类企业职工的年平均工资 58715 元，以 3% 的利率折现，年均 24137 元，月均 2011.42 元，11.36% 替代率意味着月均 228.50 元。也就是说员工 30 岁时，只要企业和个人缴费总和达到工资 4% 的低水平，即当前每月缴费进入年金计划 60.34 元，退休后就可领到相当于现值 228.50 元的养老金，比缴费增值约 3.79 倍，还是比较可观的。

七、本节小结

按照本节设想的“阶梯 TEE 制”年金税收优惠模式，仅考虑国有企业的个人缴费、集体企业和私营经济部门，如果把工资增长 5% 的部分全部转化并储备为养老金，当年增加养老金大约 714.61 亿元，政府税收损失约 160.37 亿元。按照剔除各种管理费用的投资收益率为平均每年 5% 计算，30 年后，这笔养老金基金增加到 3088.47 亿元，以年利率 3.5% 折算成现值为 1099.09 亿元，是免税额的 6 倍多，说明企业年金税惠政策可以增加社会福利，综合社会经济效益非常明显。考虑到政府出台企业年金税惠政策的初衷，既要激励年金制度的发展，又要最大限度地减少国家税收的损失，实现社会福利的最大化，从上文计算说明，个人和企业得到的多于国家税收损失的，这样利国利民的政策措施政府还是应该考虑的。

第五节　年金税惠政策综合效应分析

一、税收公平问题

企业年金的发展需要政府税惠政策的引导和支持，这不免会引起对税惠政策是否公平合理的争论与质疑。我国目前建立企业年金计划的企业、人群和地域有如下几个特点：首先，从企业特征分析，主要是以石化、银行、电力、电信等为代表的大型国有垄断企业，还有部分上市公司、跨国公司在华企业等。从地域分布来看，建立年金的企业主要是东部沿海经济发达地带、中部部分经济活跃城市，内陆经济欠发达地区年金需求薄弱。从年金享有人员来看，往往是高收入管理阶层有年金，低收入员工没有被纳入其中。这表明遵循自愿原则建立的企业年金到目前只是优势行业、企业高管的福利品，对于被覆盖的人员而言是锦上添花并非雪中送炭。这些原因导致了当前企业年金市场的发展没有起到保障大多数人退休后收益增加的目标，却加剧了各个行业间、企业间、阶层间居民的收入差距，如果再给这些行业、企业、高收入者以税收优惠的话，这势必引发新一轮的贫富“累积效应”和税收不公平的问题。

对上述问题的忧虑，需要政策进行充分地考虑和权衡，两利相权取其大。通过政策的调整和优化，可以把负面效应降到最低。本文建议，实行“阶梯TEE”税惠制度时企业缴费5%的优惠上限不变，而且严格规定不能突破上限。企业缴费进入个人账户后，2.5%的部分免税，7.5%的部分可以单独按一个月的工资、薪金征税，这里的工资基数应该是基本工资，这样就可以有效地照顾到以基本工资收入为主的中低收入阶层，把高管等高收入阶层想通过年金制度享受更多个税优惠待遇的可能性降到最低，把税惠面尽可能扩大到广大中低收入阶层，减少因企业年金计划税制的实行而导致的收入分配差距拉大之弊端。

二、社会福利效应

政府实施年金税惠政策肯定会减少当期的财政收入。但是，从全社会经济福利的角度来看，这是一项有益的支出。在政府实施税收优惠政策以后，各类企业改变了原来以现金方式发放职工工资的做法，改为用养老金的方式储存起来。从长远看这种转变具有增加社会福利的效应：首先，年金计划会提高老龄化社会的储蓄率，增加资本积累，提高投资和产出水平，间接达到增加税收的目标。其次，税惠政策可以降低劳动力成本，鼓励企业雇佣更多的劳动力，相应地增加产出，从而带动税收收入的增长。第三，税惠带动的养老金增长额也是相当可观的，养老金带来的消费也会扩大税基。当前我国正处于劳动年龄人口多、经济高速发展、财政收入迅速增长的发展阶段，这一时期要做好准备应对老龄化的压力，以税收优惠政策促进企业年金制度发展，是以政府较小的直接损失，增加社会的总体福利，储备更多的养老基金。

第六节　结　语

在经济全球化的今天，一个国家如果建立规模太大的强制性社会养老保险制度，会削弱该国企业的竞争力，淡化个人养老责任，加重政府财政负担。当前的经济危机中已经出现这样的例子。如果在降低基本养老缴费的同时，给予企业和员工年金缴费更加灵活的税惠政策，调动他们参加企业年金计划的积极性，就会减轻企业负担，增强竞争力，提高养老保障体系的效率。从当前世界社会养老保障改革与发展的大方向来看，多数国家正在努力减少基本养老保险的总规模，降低第一支柱的替代率，把养老的责任更多地分给社会机构、企业和个人多方分担，以私人养老金计划的发展等办法来弥补公共养老金的不足。

多国实践证明，政府税惠政策是推动企业年金制度快速发展的最重要动力之一。这是一条基本规律，至于各国具体的优惠方式、幅度等，则根据本国养老保险制度的整体情况而进行合理的定位。本章重点论述了我国企业年金市场的大发展必须要有政府税收优惠政策的大力支持，并就企业年金税惠模式的选择问题进行了深入论证，提出建立适合我国当前国情的“阶梯 TEE”制企业年金税惠模式。并把该税制定位在不与现行税制产生巨大冲突的基础上，是年金发展税惠政策第二阶段的过渡性税惠制度，先争取时间推动年金制度扩大覆盖面，待以后各方面条件改善，税制改革完成后再根据需要进行完善，向“EET”税制过渡。

第四章　企业年金发展的企业动力

在市场经济环境下，预算硬约束的广大中小企业做出所有决策的出发点必定是增强企业竞争力，实现利润最大化，这是企业生存和发展的最重要目标，也是分析企业建立和发展年金计划的逻辑起点。在此基础上，本章假设政府按照第四章的提议给予企业年金计划税收优惠政策，企业缴纳的年金费用占工资总额5%以内部分从成本中列支，在进入个人账户时可享受一半即2.5%的免税待遇；另外2.5%的企业缴费沿用现行的政策，即给予单独按照一个月的工资、薪金征收个人所得税。个人按基本工资的5%部分缴费，可与企业缴费免税后剩余的2.5%部分合并，给予按照一个月的工资、薪金征收个人所得税的优惠。为控制高收入者利用税惠政策牟利，企业和个人年金缴费的上限严格限制在基本工资的各5%以内。

上述情况下，企业发展年金计划就有了初始动力。因为企业享有给予员工年金的税收优惠，落实到员工个人账户时也可以享受税收优惠，员工就有了更加积极的态度向企业施加压力，促使企业建立年金计划。这时企业才会考虑把年金计划与人力资源管理、企业发展战略等联系起来，更多地从自身效率的角度综合设计如何发展企业年金计划。本章将从企业建立年金计划的短期税惠考虑、长期的人力资源管理效应等方面进行论证，探讨如何激发企业建立年金计划的积极性，形成和保持建立和参与年金计划持续不断的动力。考虑到企业建立年金制度的多样性，本章仅提供一些通用的建立年金制度的方案和基本原则。为让大多数中小企业也积极参与到年金计划的建设与发展中来，本章专门用一节内容讨论如何推动我国中小企业年金计划的发展。

第一节　企业建立年金计划的动力

一、初始动力

（一）税惠政策为企业建立年金降低门槛

从企业年金发展历史看，虽然早期个别企业的养老金计划并不是由税收优惠政策推动建立的，但是，大规模的发展却是在国家税惠政策支持下实现的。任何国家都是如此。企业建立年金计划，积极参与国家倡导的年金制度的最直接动力来源于税收优惠，因为年金缴费从根本上说是企业雇用员工的成本，如果企业缴费部分不能列入成本中消化，都要按利润交纳25%的企业所得税，那意味着在年金建立计划的起步阶段，企业就要承担非常高的用工成本和福利开支，企业自身利润将被大幅削减。企业在短期内难以从员工创造的收益中收回这些成本，建立年金的激励效应也不会在短期内显现，所以企业在这种情况下建立年金计划的动力是不足的。对于员工来说，企业在交纳所得税后建立年金，势必降低以现金形式发放的工资收入，这等于企业为员工缴纳了25%的个人所得税后，再去建立企业年金计划。但25%的所得税率并不是所有企业员工拿到即期工资都能达到的，只有高收入雇员能达到这个税率，所以员工特别是中低收入员工会反对企业建立年金计划。可见，企业缴费部分正常纳税会提高企业建立年金计划的门槛，让企业和员工都付出高昂的计划成本，降低员工的总体福利水平，特别是中低收入员工的福利水平。对于原本致力于建立和完善具有社会福利色彩的补充养老保险计划来说，让企业缴费免税或部分免税是这项制度建立的最基本的条件，也是让企业参与年金制度建设的初始条件，是最基本的动力。

有了税收优惠这一建立年金计划的起始条件，企业在如何利用这一条件方面就有多种选择。他们可以在建立年金与否之间取舍，也可在缴费比例方面进行选择。影响他们做出最终决定的重要经济因素有许多，比如所处经济环境的规范化程度、同行业企业间的竞争态势、劳动力市场供求状况等。这些情况已经在我国的年金市场上得到很明确的反映。当前，我国建立企业年金计划的企业大多是中央级的大型垄断企业，他们是预算软约束的，对企业年金的需求弹性较小，所以成本的上升、当前优惠政策还不到位的情况，对它们建立年金制度影响不大。但是，数量巨大的中小企业却会在建立年金计划方面斤斤计较。因为对于大多数规模比较小的企业来说，他们自身实力不强，经济效益不稳定，对企业年金的需求弹性较大，成本的上升会大幅度减少这些企业对企业年金的需求。显然，当建立年金的成本较低时，也就是税惠幅度有足够的吸引力时，广大中小企业才有动机去参与发展企业年金计划。因此，要针对中小企业生存发展环境的特殊性，专门出台面对中小企业的更加优惠灵活的税惠政策。只有在一定的税惠条件下企业选择以年金计划的方式给员工增加福利，企业在没有增加很多成本的条件下多了一种激励员工的手段，这对企业而言才是非常有意义的。当然，说企业建立年金计划完全没有增加成本是不太符合实际的。短期内，年金缴费可以由员工工资增长部分抵扣，但长期看，如果企业主把员工工资增长的部分完全以年金基金的形式储存起来，员工在比较同类企业员工工资水平、个人账户养老金和拿到现金自主处理的利弊后，就会发现问题。所以，长期看企业年金部分缴费肯定要分享企业的部分利润。不管企业和员工以怎样的比例分担年金缴费，只有在税惠政策到位的条件下，企业和员工才会形成推动年金计划发展的共识，双方才会各取所需合力促成年金计划的建立和发展。

（二）税惠政策减小企业涨薪水的压力

企业为职工建立年金计划，并在税前列支为职工支付的缴费，一方面可以冲减企业当期的应税所得，减少一部分公司缴纳的所得税义务，这实际上等于政府用应征的税款为企业负担了一部分缴费。另一方面，如果企业为职工支付的缴费不作为职工当期的应税工资收入，实际上是职工延期领取的工资或其中的一部分，是一种当期取得、未来实现的工资收入。职工的这笔收入可以部分免税，部分享受单独按一个月工资、薪金缴纳个人所得税的优惠，这种税惠制度也会给企业带来好处，因为职工得到免税的利益可以相应地减小他们要求企业提高工资的压力。企业在建立年金计划的初期，可以适当降低员工工资年均上涨的幅度，以二者之间在短期内的替代关系来控制总的工资开支水平。

（三）税惠政策为企业增加理财选择

政府的税收优惠政策是推动企业发展年金最直接的因素。从企业支出的角度来看，有了税惠政策的让利，企业为员工建立年金计划所支付的费用，也可以直接以工资的形式支付给员工，享受的税收政策是同样的，都以费用形式记入项目抵减所得税。但工资必须每月按时发放，年金缴费可以按月份、季度、半年、一年等周期来缴纳。企业可以选择缴费的时间来缓解资金压力，比如，年金缴费可以每月从企业所得中扣除，但可按季度或半年期缴费，这可以有一段时间的免税利润作为流动资金供企业支配。另外，根据《企业年金基金管理办法》第 15 条的相关规定，单个投资组合的企业年金基金财产，可以在 5% 以内部分投资本公司的股票、债券。企业可以充分利用这一规定进行投资，缓解企业运营中资金流动的压力。

二、持久动力

企业利用税惠政策建立年金计划后，成本不会大幅增加，而年金计划的建立又为企业的有效管理和长远发展提供了诸多可选择的激励手段，使企业管理者们发现建立年金计划对企业生存发展的重大意义，形成建立企业年金计划的持久动力——人力资本的投资和使用。这一重大作用已被许多企业认可和使用。具体可以分几个方面进行探讨：

（一）留住人才，有利于人力资本投资

在激烈的市场竞争中，企业竞争最关键的是人才间的竞争。吸引、培养和留住优秀人才，是企业在行业竞争中站稳脚跟的根本。对于一个企业来讲，通过培训进行人力资本的投资，培养出自己的人才后，最大的损失就是人才的流失。对此，加里·贝克尔（1962）提出，“对人力资本投资效应刺激了养老金计划的建立”。[①]换言之，实施企业年金计划有助于防止职工过早离开培养、培训过自己的企业。特别是那些进行过人力资本专有性投资培训的企业，它们更加愿意建立年金计划，因为按照人力资本理论，专门性人力资本投资的成本主要是由企业来支付的，从企业人力资本培训中得益的员工，需要在将来的工作中为企业的培训支付成本，这需要较长一段时间的工作才能收回成本，在收回成本之前，如果员工离职到了同行业其他企业中，原企业不但损失了人力资本投资，而且还面临直接的同行业企业竞争压力，可谓双重损失。因此，出于人力资本投资和长期使用的考虑，建立企业年金计划是进行人力资本投资的配套管理制度，是培养人才、留住人才、用好人才的重要制度保障。

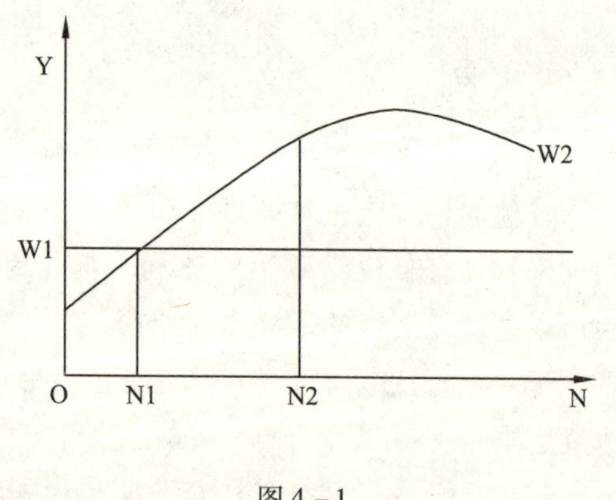

图4－1

借助于加里·贝克尔的分析方法，我们从上图可以看到，虽然竞争性的劳动力市场流动性比较强，但是，多数民营经济公司的培训内容都具有专属

① Gary S. Becker，Investment in Human Capital：A Theoretical Analysis，The Journal of Political Economy，Volume 70，Issue5，Part2：Investment in Human Beings（Oct.，1962），pp. 9－49.

性和普遍性的双重特点，也就是说公司和员工都为培训付出一定的成本。在这种情况下，公司如果能留住员工，在培训后的前几年在公司工作，对公司是十分有益的。因为如图4－1所示，在工作的第N2－N1年间，员工的劳动生产率上升比较快，他们的工资收入增长率远远低于自身创造的劳动生产率，公司从他们身上赚取这个差额。另外，由于中高级的技术人才和管理人才相对缺乏，市场争夺激烈，一个公司要保持正常的经营，这些人才队伍的稳定是必不可少的。企业年金好比签订了一个隐形合同或者附加合同。建立企业年金制度有利于留住企业急需的人才。人才可以实现自我增值，公司可以把这种自我增值与对公司的增值很好地结合起来，更好地为企业创造价值。

近年来，随着我国人才市场的发展，企业间人才流动的频率越来越高，许多优秀的企业员工，特别是科技型人才的流失率不断走高，给企业带来重大的经济损失，也阻碍了企业的进一步发展。建立年金计划，提高企业员工福利，可以有效降低这些损失，减少新的人力安置成本，保持各类员工工作岗位的连续性和稳定性，提高效率。美国布鲁金斯学会的经济学家在《雇员退休收入保障法》（ERISA）通过后不久，对方案的实施情况以及社会经济影响进行专题调查，结果显示如果雇主取消企业年金制度的话，雇员为雇主工作的平均年限将从6.84年降低到4.09年，这说明企业年金确实能起到留住员工的作用。虽然企业建立企业年金计划需要花费成本，但是通过建立企业年金计划留住人才，换来的是离职率的下降，两者相比，企业通过稳定员工获得的综合收益，应该远高于为建立企业年金计划支付的成本。

（二）激励工作，使企业目标与员工目标相统一

企业的效益与企业员工的努力程度正相关，企业年金是企业为员工提供的一种福利形式，企业可以把年金计划与员工个人绩效和工作努力程度挂钩，根据员工的努力程度和工作绩效分等级给予年金缴费。只有为企业盈利努力工作、取得较高绩效的员工，才会得到较高的年金缴费，反之，则缴费较低；即使在初期大家都拥有年金计划，但在期末要决定企业所缴的年金归属时，也可以根据员工的绩效不同而分配不同水平的延期收入，达到对员工的长期有效激励。这是一种普惠性与激励性相结合的企业年金制度设计，在努力留住优秀骨干人才的同时，也能激励大多数在职员工努力工作，提高员工的归属感，增强员工与企业发展前途休戚与共的责任心，推动企业的发展，提升企业竞争力。

（三）树立企业形象，提升企业品牌价值

许多企业把年金计划统筹在总的福利中统一考虑本企业的综合待遇。如果实施了企业年金计划，长期看企业的综合待遇水平与保障程度肯定要比没有年金计划的企业高。因此，实施企业年金计划的企业把雇员待遇高、企业经营业绩好的信号传递给市场，以吸引更多的优秀人才加入本企业。现代市场经济条件下，企业之间的竞争最关键的是人力资本间的竞争。为了吸引到更加优秀的人才，必须制定更加完善的薪酬管理制度，以柔性的“金链子”拴住人才。根据 Yutaka Horiba（2002）对上个世纪八九十年代日本企业年金计划快速发展原因的研究表明，正是日本对企业年金制度建设方面的积极改革，比如降低企业缴费水平、实现税收优惠政策等，有效地激励了各类年金计划的发展。该研究认为，日本的企业普遍认为能够运用年金计划的实施，给人才市场释放企业吸引力强、各方面都运转良好的正面信息，有助于企业市场价值的提升。其实这也是国际上通行的做法。近年来，我国企业在各方面的发展水平正在向国际水平靠近，用企业年金制度吸引人才、增强竞争力，最终实现增加企业价值目标的发展方式，也是中国企业发展年金计划的重要动力。

第二节　企业年金计划设计与激励

从企业的角度来看，最佳的年金计划应该是符合企业的发展战略目标，有效激励员工参与企业发展，建立员工发展与企业发展激励相容的机制，运营机构管理规范，收益归属权明确的年金方案。单纯符合企业年金运营机构的目标、单纯符合企业目标的计划、单纯符合职工目标的计划以及收益率很高而风险很大的年金计划都不是企业年金的最优方案。本节讨论建立年金的基本原则、方法、流程、权益归属等问题。

一、建立年金计划的基本原则

关于建立企业年金计划的条件、程序、管理等方面的要求，我国《企业年金试行办法》作了专门的规定。任何一个企业建立年金计划都要遵守这些基本规定和原则。

（一）合法性

企业要建立的年金方案必须达到合法性要求，即年金计划的内容合法、程序合法、管理合法。如果企业年金方案不合法，它就失去了运行和管理的前提和基础，也享受不到中央和地方政府规定的政策与各类税收优惠待遇。

（二）针对性

企业是个性化的，每个企业都有自身的企业文化、经营状况、发展阶段、经济条件、外部环境等特点。不同的企业面临的发展环境、人力资源管理、员工福利保障问题等都是不尽相同的。企业年金计划需要针对特定企业的具体情况和特殊问题进行设计，制定出适合该企业需要的年金计划。高水平的企业年金计划，一定是适合该企业需要，最能反映企业与职工双方共同需求的企业年金方案，既反对照抄标准的企业年金方案，也不能简单复制其他企业的年金方案，更不是损害企业和员工权利，给企业和职工带来更多不确定性损失的年金计划。

（三）共识性

企业年金计划必须获得员工的广泛认可。年金计划要真正能够发挥其应有的作用，必须针对本企业大多数员工的需要，能够得到他们的认可和接受。反之，如果多数员工对企业年金计划选择的模式并不认可，该计划就不能有效地发挥年金的激励作用，留住员工。为此，有必要进行前期的宣传培训工作，让员工充分了解年金计划的重要意义，即它可以有效地提高职工退休后的养老金替代率过低的问题，给员工提供多元化和个性化的养老福利。只有这样，员工才能充分认识和认同年金计划的意义。年金计划也才能发挥其应有的作用。

（四）统筹性

年金计划要与企业发展战略相协调，处理好当前需要与长远发展的关系。年金计划不但要稳定人才队伍，为企业的人力资源管理提供多种选择，而且还要根据企业不同发展时期的需要，进行统筹协调，合理安排，最大限度地为企业发展服务。比如年金计划在考虑企业长期发展需要时，也要照顾到当前的现金流情况，如果年金计划给当前的资金运转造成很大困难，这种计划在当前就需要调整，以便于企业的长远发展。

（五）公平性

建立企业年金计划时，还要注意方案设计的公平性，努力做到效率优先，兼顾公平，尽可能地体现激励效果，让年金计划在奖励重要岗位员工的同时，也能普遍激励大多数员工，让他们觉得年金计划公平合理，使年金计划在完善企业人事管理、优化薪酬福利组合中发挥更大的作用，以相对较少的投入，获得多数员工的认可，保证企业员工队伍的稳定性和凝聚力。

二、企业年金计划缴费方式选择

《企业年金试行办法》第八条规定："企业缴费每年不超过本企业上年度职工工资总额的十二分之一。企业和职工个人缴费合计一般不超过本企业上年度职工工资总额的六分之一。"按照该项规定，企业在一年内所支付的年金费用不得超过企业上一年度职工工资总额的 8.33%。企业和员工个人缴纳的年金费用两部分，就不能超过本企业上一年度职工工资总额的 16.67%。这是目前我国法定的企业年金计划主体缴费的上限。在这样的大前提下，各类企业可以自由选择所需要的缴费方式。目前，我国企业年金计划的缴费方式有以下几种类型：

表 4-1　我国目前的几种企业年金缴费方式

工龄与效益相结合的缴费法	职工个人自愿参加年金计划，企业按个人缴费的一定比例匹配缴费，缴费标准根据企业经营效益与员工工作年限确定。
企业单独缴费法	企业单方面为在岗员工缴纳年金，缴费数额由工龄年金系数与岗位年金系数确定。
工资基值法	根据员工的厂龄、岗位、职务、突出贡献等方面的因素，综合计算企业年金的缴费标准。
工资比例法	企业为职工的缴费按照职工实际工资总额的一定比例确定。
绝对额分配法	第一部分按员工的工龄决定年金缴费；第二部分再按员工在企业贡献的大小分配年金。

其中，比较常用的缴纳办法有工资基值法、工资比例法、绝对额分配法等，企业只有选择合适的企业年金缴费方式，才能体现效益最大化所需要的工资收入分配方式。换言之，每个企业在选择企业年金计划的缴费方式时，一定要与本企业的实际情况相符合，在广泛听取企业各方面的意见，与各阶层员工进行沟通和协商的基础上，选择与企业整体的薪酬福利体系相适应的

年金缴费方式，以期发挥年金计划最大的效用。

三、企业年金权益归属安排

在我国，年金基金是由参与企业年金计划的企业与个人共同进行缴费，采取个人账户管理模式，待遇由缴费情况综合确定。这样，年金计划的个人账户部分资金来自三个部分：个人缴费部分、企业缴费部分、年金基金投资运营增加的收益按照一定的比例计入个人账户的部分。根据我国《企业年金试行办法》第11条的规定，“企业缴费应当按照企业年金方案规定比例计算的数额计入职工企业年金个人账户；职工个人缴费额计入本人企业年金个人账户”，年金账户中的资产积累具有明确的私人产权性质和可继承性。一旦采用个人账户进行管理，这就说明了几个方面的问题：首先，年金计划个人账户积累形成的基金的产权属于个人所有，未经所有人同意，其他任何机构和人员都不能以任何理由进行侵占、挪用。其次，年金计划个人账户基金领取是有时间规定的，员工不能在退休前领取这笔养老金，只能在退休后才可以提取养老金。另外，《企业年金试行办法》第11条还规定企业年金基金投资运营取得的收益，要按净值及时计入年金计划个人账户。

年金计划建立账户后，个人缴费及其投资收益部分全额归属个人，这是非常明确的。不过企业在设计企业年金方案时，应确定企业年金的归属权益时间表①，即企业缴费及投资收益归属职工的条件。笔者通过总结归纳，发现企业缴费及投资收益归属职工有悬崖式、阶梯式、悬崖式和阶梯式相结合三种方式。悬崖式，即职工参加企业年金缴费不满一定年限的（比如5年），企业缴费及投资收益部分不归属个人，等职工在本单位参加企业年金缴费满一定年限后，企业缴费及投资收益部分全部归属个人。

表4-2 5年期既得式

服务年限	年金权益归属
少于5年	0%
5年以上	100%

① 归属权益时间表指的是在获得雇主缴费之前，雇员必须为雇主工作的年限。不同的时限对应不同的权益归属比例。

阶梯式，即职工在企业服务每增加一年，企业缴费及投资收益部分相应地以一定的比例归属职工个人。

表4－3　7年期阶梯式

服务年限	年金权益归属
少于3年	0%
满3年	30%
满4年	40%
满5年	70%
满6年	90%
满7年	100%

悬崖式和阶梯式相结合式，即职工参加企业年金缴费不满一定年限的（比如5年），企业缴费及投资收益部分不归属个人，待职工在本单位参加企业年金缴费满一定年限后（比如超过5年），企业缴费及投资收益以每年递增比例归属职工（比如每年递增50%）。具体情况在此不再赘述。

企业年金方案设定了年金权益归属表后，可根据员工服务的年限长短决定年金中企业缴费部分的归属问题。具体有以下几种情况：员工正常离职，按照年金计划的规定，把企业缴费的部分所有权划归员工。员工如果是非正常离职，比如因为违法、违纪等原因被解聘的，之前企业给员工的缴费以及由此而产生的投资收益，全部收回，归入企业公共账户。这样的制度设计既保障了员工的合法权益，又充分发挥了年金计划的作用，有效地激励员工努力工作，缓解企业员工盲目过度流动的状况，提醒广大员工，要想将来退休后获得全额的企业年金，就需要与该企业签订长期劳动合同，努力且稳定地工作，积极为企业着想。

四、逆向选择与年金方案调整

每个企业员工的特性都是不同的，企业在给员工建立年金计划津贴时，要充分考虑员工的异质性特征，根据员工的工作绩效进行年金计划的设计。如果十分笼统地实施无差别的年金待遇，会造成奖励懒惰者的负面影响，鼓励机会主义行为，造成道德风险和逆向选择问题，打击了积极工作者的主动性，带来与年金计划建立初衷相反的结果。为了避免上述情况的出现，企业在建立年金计划以后，还要根据年金计划的实际运行情况，选择恰当的时机对年金计划进行调整。调整的依据是年金计划建立后员工的工作表现情况。

根据企业年金计划的调整与发展需要，可依照员工在日常工作中的表现，把全体员工分为A、B、C三个档次。A档员工为不管是否实行年金计划一直努力工作的人。C档员工为不管是否建立年金计划都不努力工作的人。B档员工为建立年金计划前不努力工作，建立年金计划后才努力工作的人。那么对B、C类员工就可以采用通过企业年金制度方案的设计加以针对性的激励。方法是：在年金计划调整的期初，对企业缴费部分进行分割，提取部分企业所缴纳的年金费用，以全体企业员工的名义存入企业年金公共账户，公共账户是一个用来再分配的账户，具有统筹性质和再分配职能。同时，建立员工的名义账户与实际账户，企业缴费进入个人账户的部分只进行记账，到期末根据情况进行调整。调整的依据是A、B、C三类不同员工的表现情况，对于一直非常努力工作的A类员工，将从公共账户中获得高于其他两类员工的奖励性年金。对于B类员工，将基本能够获得年金计划期初设定的企业缴费部分年金津贴。而对于工作业绩极差的C类员工，将不会从公共账户中分配年金的企业缴费部分。完成年金分配后，这一时期的年金个人账户中的虚账实记工作就结束了，相应的名义账户基金就转变为实际账户基金，该部分基金就可以交给相应的社会运营机构进行运作。这样的调整能够兼顾公平与效率，有效地防止普惠制年金制度建立后的逆向选择问题。

年金方案的调整可以根据A、B、C三类员工的具体表现进行调整，以防止逆向选择，也可以根据企业不同发展阶段的需要进行调整。在企业的不同发展阶段，可以组合各种薪酬体系，以达到最佳的总体激励效应，再结合员工的年龄情况，进行薪酬水平的组合。如果需要长期的激励和较高供给弹性，就需要通过建立年金计划提供给员工稳定和可预期的薪酬福利待遇。另外，企业在不同的发展阶段，有相应的薪酬管理手段。在企业开创和成长期，特别需要各类员工在岗位上的稳定和认真负责的工作，这时使用年金计划激励员工就显得十分必要。由于建立年金形式的福利成本具有较强的刚性，这种福利的取消会产生负面的效应，企业一旦建立就很难再彻底取消，所以企业需要充分进行考虑和论证，根据企业发展的不同成长阶段，适时调整年金计划，确定不同程度的年金计划激励，以达到促进员工长期努力工作，实现企业赢利的根本目标。

表4-4　不同成长阶段的企业薪酬结构设计比较

企业所处阶段		创建期	发展期	成熟期	稳定期	衰退期	再次创业期
薪酬结构	基本工资	较低	有吸引力	有吸引力	较高	较高	有吸引力
	激励工资	较高	较高	有吸引力	较低	较低	较高
	延期工资	较低	较低	有吸引力	较高	较高	较低

五、跟踪监督年金计划

在企业内部达成共识建立年金计划以后，计划的管理、供款、缴费等资金运行过程必须规范有序，因为只有标准化、规范化管理的企业年金计划才能实现激励员工的最终目标。如果年金运作不规范，没有安全保障，员工宁愿拿到现金收入，也不愿被别人控制养老金。这样，企业不但没有获得建立年金计划的应有效益，而且还给员工以不信任感，造成事与愿违的后果。所以，企业年金计划供款征缴管理运作等环节的规范化运行十分必要。为了达到上述目标，企业组织成立的年金理事会或受托人有必要加强与各年金运营机构的联络，定期反馈年金基金运营情况信息，以加强对年金运营的跟踪监督，让年金计划对员工的激励作用真正得到实现。

企业建立年金计划，只是年金制度运营的开始，要有专业的社会化服务机构进行运营管理，带动年金计划有效地运营下去，为企业解决后顾之忧。年金计划建立之初就要按照相关规定严格执行，给员工吃颗定心丸，以最终实现激励员工参保、放心缴费的目的。这方面更为具体的内容将在后面几章中详细论证，这里只简要说明相关的操作规范。年金计划在缴费环节要涉及委托人、托管人、受托人和账户管理人等几个主要的角色。他们运用专业化、标准化、属地化的企业年金管理服务，使企业给员工的缴费有了安全保障，让员工安心、放心。其运作流程如图4-2所示。

年金计划建立之后，企业和员工作为委托人需要把自身的缴费情况，包括各自缴费的总额以及缴费明细情况通知受托人。受托人应及时把接收到的全部信息传送给相应的账户管理人，以供账户管理人进行信息综合处理，设立基础的年金计划信息系统。为了保证信息的准确性，账户管理人将在每次缴费日前提供企业和个人的缴费数目及其明细，在经过受托人确认后，由受托人再交与委托人进行再次核对确认，核对无误并签字确认后，年金计划的企业与个人缴费账单反馈给账户管理人。在缴费日到来之后，委托人接到受托人发出的缴费指令后，将及时向年金基金托管人缴纳账单所标出的年金费用。受托人在接到委托人缴费的通知后，将给年金基金托管人报送相应的收款通知。托管人在收到年金缴费并核对无误后将资金正式入账，并向年金受托人和年金账户管理人报送缴费到账通知，受托人在履行了把关、审核义务后，就会告知账户管理人做好相关的缴费账户的处理工作。账户管理人按照缴款明细表和企业年金计划方案规定的细则，在该企业名下建立起来的年金个人账户之间进行分配。整个过程应该严格、规范、安全、有序，让专业管理运营机构以现代金融服务年金计划，使企业为员工做的实事有切实的保障，以保护和鼓励企业的积极性。

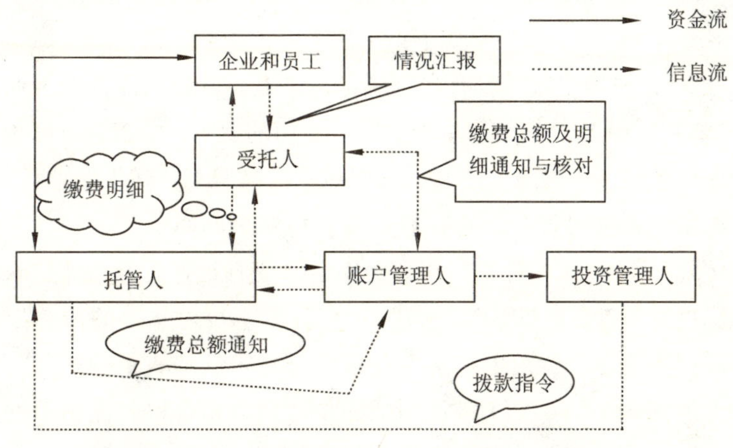

图4－2　以企业和员工为中心的年金供款控制流程

资料来源：根据《企业年金基金管理办法》《企业年金试行办法》整理。

第三节　我国中小企业年金发展探讨

目前，我国现行的税惠政策还不足以推进中小企业年金计划的发展，多数中小企业参与年金计划的积极性并不高。即使本研究讨论的税惠政策能够到位，中小企业的年金发展还需要更多的针对性激励政策，才能推动其年金计划的发展。本节将借鉴国外的情况，讨论推动我国中小企业年金计划发展的可行之策。

一、国外经验

国外中小企业建立养老金计划的经验对我国有着重要的借鉴意义，各国中小企业都面临竞争激烈、财力薄弱、员工流动性强等问题。他山之石，可以攻玉，美国、智利、日本、澳大利亚等国建立中小企业养老金的经验对中国很有帮助。

（一）美国SIMPLE 401（k）计划简单实用

该计划是从美国的中小企业雇员储蓄激励匹配计划和利润分享计划中的部分设计条款、国税局和劳工部每年统计公布的《小型企业退休计划》以及《中小企业保护法》等相关的规定中，进行总结归纳出的适用于广大中小企业的私人养老金计划。[①] 主要内容如下：①职工保护条款，强制雇主缴款。传统的401（k）计划对雇主缴费没有强制规定，雇主可以自己选择是否缴费。但是，SIMPLE 401（k）计划对雇主缴费做了专门的规定，要求资方必须按照一定比例为雇员缴纳年金保险，并且，这些雇主的缴费不再像大企业计划一样，附加许多的条件和时间表，而是在雇主缴费后立刻归属员工所有。②降低成本条款。传统的401（k）计划每年会对年金缴费时是否对高、低收入者区别对待的情况进行审查。但SIMPLE 401（k）计划不再对年金的覆盖人群进行年度的非歧视性审查，节约了聘请专业机构进行审计的大量费用。③账户贷款条款。参加SIMPLE 401（k）计划的雇员，如果符合税收优惠条件，可在需要时允许雇员从自己的养老金计划账户中贷款，之后在约定的利率下以分期付款的形式还款。这一人性化规定可以解决雇员在年金计划缴费后面临的流动性不足问题，对参加者有吸引力。

（二）智利的雇员便携式个人账户计划方便灵活

智利是对养老金体系改革比较成功的发展中国家。社保领域倡议的“智利模式”已经成为多个发展中国家效仿的对象，被国际社会奉为养老金改革的样本。从1981年起，智利把现收现付制养老金计划逐渐改为个人账户制养老金计划，弱化第一支柱，实行完全积累制养老保险模式，由雇员缴费。智利模式的一个突出特点是，各养老基金的成员是广大雇员，而不是雇主。雇员直接与养老保险基金公司建立联系，账户可自由携带和转移，非常灵活。

① 华宝兴业基金．中小企业建立联合的企业年金计划［N］．上海证券报，2006－03－28.

虽然改革后经过20多年的发展，智利模式也暴露出一些问题，但它采用的个人账户灵活转移的方式，很适合中小企业员工流动性强的特点和需要。

（三）日本的税收适格年金计划专业规范

该计划是1965年《雇员养老金保险法》修订案中引入的雇员养老基金的一种类型，由同一行业或地区的许多公司共同建立，多为中小企业采用，其资金运用往往由信托银行或保险公司来进行，要求参加基金的成员多于15人。该计划可以替代部分政府管理的雇员养老保险，为了弥补雇主为雇员养老金付出的成本，政府允许雇主相应减少对公共养老金的缴费。同时，在税收方面也很优惠，采用EET模式，即在缴费、投资环节免税，给付环节纳税。雇主向雇员养老基金的缴费，可作为社会保障费用支出从税前列支，同时缴费不计入雇员工资，因而无须缴纳所得税。但是在超过规定的限额后，超出部分按1%的税率纳税。该计划对中小企业年金发展起到很好的推动作用。①

（四）澳大利亚的零售年金经济安全

澳大利亚的超级年金计划主要由公司年金、公共部门年金、自管型超级年金、行业年金和零售年金组成。②其中，合格的金融机构在市场上提供标准化的养老金产品就是典型的零售年金，任何对产品感兴趣的发起人（包括自雇者和企业雇主，不论规模和行业），只要接受养老金产品的收费、投资策略，都可以购买。零售年金具有以下特点：①零售年金计划的受托人包括银行、保险公司和基金公司等金融机构，发起成立程序简单，只要按程序向澳大利亚税务局（ATO）申请并登记即可。②零售年金在投资产品方面与基金管理行业有较大的相似性，依靠基金公司对市场需求的反应满足不同风险偏好者的投资需求。③为保护受益人的利益，受托人必须购买适当的责任赔偿保险，用来弥补潜在的计划管理不当造成的损失。④为了提高服务效率和简化流程手续，零售年金普遍采取“一站式购买”方式。零售年金在澳洲比较受欢迎，根据2011年1月19日澳大利亚审慎监管局（APRA）公布的超级年金2010上半年报，超级年金总资产达到1.23万亿澳元，其中零售年金占比28%，过去一年零售年金平均收益率为8.7%，③零售年金越来越成为发达国

① 牛海．亚太国家经验对我国发展中小企业年金启示［J］．企业经济，2010（4）．

② 于小东等译．OECD国家养老金发展与改革［M］．北京：中国发展出版社，2007：p.171－181.

③ http：//www.apra.gov.au/Super/Pages/superannuation－institutions－statistics.aspx

家流行的集合年金模式。

二、中小企业年金发展现状及要求

（一）发展现状

中小企业在社会经济发展中起着非常重要的作用。根据国家工商行政管理总局的数据，截止到2011年6月，我国共有各类企业1191.16万户（不包括3601.13万个体工商户），按照通行的划分中小企业的标准计算，我国企业中中小企业占比超过了全部企业总数的99%。同时，中小企业创造了当年我国55%的国内生产总值，60%的出口总额，45%的税收收入，提供了75%的就业机会。但是，中小企业年金建设情况令人沮丧。目前，我国企业年金发展缓慢的一个重要原因是，广大中小企业年金市场的潜力没有得到有效的开发。截止到2010年底，我国企业年金基金积累的总量达到2809亿元，其中来自国有大型企业的年金积累量占了绝大多数，加上其他一些外资企业和少数大型民营企业，也只有3.71万户企业建立了年金计划。这个数字只占到企业总数的大约0.31%。参加企业年金计划的员工数为1335多万人，只占参加基本养老保险2.57亿人的5.2%。[①] 所以，发展中小企业年金是当前发展企业年金的重点任务。

（二）基本要求

针对中小企业数量众多、员工流动性大、经营不稳定的特点，通过比较分析和参考借鉴，笔者总结出建立中小企业年金计划要达到的基本要求：①方便参与。要求建立和参与年金计划时，管理人要提供标准流程、标准化服务和标准合同，尽量简化加入计划条件、年金计划运营管理中的各项手续等。②安全高效。为参加计划的企业和员工提供透明、高效、诚信的企业年金管理服务。③收益较高。充分发挥年金基金集中管理的规模优势，积极进行投资工具的选择与组合资产配置，尽量分散投资风险，提高基金的投资收益，为中小企业和员工服务。④建立和运营成本低。降低众多小企业和员工参加的门槛。⑤灵活可转移接续。为劳动力的自由流动提供条件。

三、中小企业年金发展模式选择

企业年金计划可以按照不同的标准分为不同的类型。依照参加同一个年

① 数据来源：《2010年度人力资源和社会保障事业发展统计公报》。

金计划的企业数量为标准，可以把年金计划分为单一计划和集合计划两类。单一计划是只有一个企业参加，受托人只为该企业单独进行年金基金管理的年金计划。集合年金计划则是指集中了两个或两个以上的企业年金缴费积累的资金，交给由受托人组织发起的、之前已经确定的相应的托管人、账户管理人、投资管理人共同进行投资管理，并按照事先确定的标准化的投资组合进行投资运营的企业年金计划。比较而言，集合年金计划是由单一的受托人给众多的年金计划所积累的企业年金基金提供集中管理服务的一种年金方案。通常会吸引多家中小企业参与建立年金计划，并为这些参与的企业委托人提供标准化的年金计划管理和投资服务。集合年金计划可以分行业、地区等形式建立，相应地就产生了行业性企业年金计划、区域性企业年金计划以及零售年金计划等具体的表现形式。

集合年金计划的优势在于：

（一）能够有效降低年金计划的成本

中小企业要单独建立年金计划，面临着各方面的成本约束。一方面，需要配备专业且专门的人员，全程负责企业年金方案制订、计划设立、机构选择、运营管理等各个环节的工作。另一方面，建立年金计划还需要企业对年金基金的运营管理等方面的情况进行专业审计，费用高昂。还有证券开户费用等多项开支，都会给中小企业带来较重的负担。参与集合年金计划，能够解决这些问题。多家中小企业联合参加的集合年金计划，有统一的受托人组织信托，把原来由多家年金理事会分散承担的业务集中由一家专业机构全权负责，减少重复运作的环节。企业年金计划操作流程等方面也实行统一规范，年金产品通常做成标准化模式，供中小企业和员工选择。想参与的中小企业在年金计划获批备案后，只需填写相关的申请表，就可参加集合企业年金计划。

（二）能够帮助提高年金计划的市场地位

集合年金计划集中了多个中小企业的年金缴费，年金基金的资金规模比较大，在基金投资与管理的市场谈判中，大体量的基金规模可以取得有利的市场地位，年金基金的受托人可以比较优惠的条件、较低的投资管理费率聘请专业的基金管理公司提供高水平的管理服务。在提高收益率方面，规模较大的企业年金基金能够给投资管理人更多的选择，可以灵活地根据收益率的情况进行多种投资工具的选择和配备，并获得投资那些资金总量要求很高，但同时收益水平也很可观的投资工具，有效发挥规模效应，摊薄各项投资成本，从总体上有助于年金基金获得更高水平的收益率。

（三）能够有效延长年金计划的运作期限

一个企业单独建立的年金计划，它的生存期限与企业的生存期限密切相关，一旦企业因经营不善而破产，年金计划将随即终止，这种情况将不会发生在集合年金计划的情形下。在参加年金计划的多个企业中，如果某个企业因经营不善破产或者暂停缴费，并不影响该集合年金计划的正常运行。破产企业员工的计划可以保存在原来集合年金计划的受托人处，等到这些员工重新找到工作再参与缴费。这样就可有效避免中小企业生存发展期短导致年金计划建设不连续的弊病，有助于员工年金账户运作的连续性和稳定性。职工还可以在离开某一个企业后在集合年金计划覆盖的相关企业工作，年金账户继续保留在该集合年金计划之中。

（四）能够方便提供年金计划的接续与转移

集合企业年金计划的又一大优点就是可转移性。可转移性指能够将员工的企业年金计划从一个集合年金计划转向另一个集合年金计划，员工不用担心退休前年金因改变企业主而流失。当然这种转移持续还需要一定的年金托管机构配合。现在我国尝试集合年金计划业务承接的都是业务覆盖全国的大型金融、保险机构，如工商银行、平安保险等，可以利用它们经营网点覆盖全国的优势开展受托人服务，把年金个人账户在全国范围内进行转移接续。尽管员工一生中可能为多个企业主服务，但集合年金计划本身就集中了多家企业员工于一个计划之中，如果员工工作流动的范围超出了原来集合年金计划覆盖的范围，只要员工先后参加的集合年金计划的基金管理机构都能提供统一标准化的年金服务，员工在不同年金计划下的劳动时间以及相应数据都可以被记录，这些数据将一直跟随集合年金计划直至员工退休。这也可打消许多人担心建立年金计划将阻碍劳动力的流动性、增加企业特别是中小企业用工成本的担心。把对员工的保护和企业自由用工有效地结合起来，实现多赢的结果。

四、中小企业年金产品定位——标准化的“便利年金”

现实中，广大中小企业要建立年金计划，会遇到很多困难和障碍。比如本企业缺乏年金计划方面的专业人才，很难组织成立年金理事会；单个中小企业委托的年金基金数量小，对基金管理机构吸引力不强，无法获得优惠管理费率等等。这些问题在一定程度上打击了中小企业建立年金计划的积极性。为了解决这一问题，本研究认为，通过学习借鉴国外模式，综合智利的个人账户自主性、日本适格年金计划的低门槛、澳大利亚零售年金计划的标准化运作模式，尝试建立符合中国实际的、个人账户、低成本、标准化、可转移接续的集合年金计划是可行的选择。我国当前金融业专业化服务水平也能够满足这种要求。具体的设想是，针对中小企业建立的集合年金中，需要大力发展标准化、格式化的“便利年金”产品，以方便广大中小企业及其员工选择，让这些企业的员工参与企业年金计划，为自己的年金计划缴费就像办理“充值卡”业务一样方便。

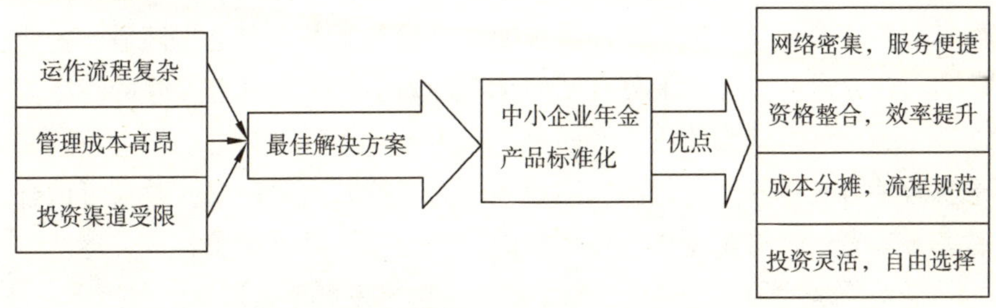

图4－3　标准化中小企业年金产品示意图

五、发展中小企业年金的政策支持

为了促进中小企业年金的发展，加快完善我国社会保障步伐，国家在政策的设计上要充分考虑到中小企业的生存发展情况，为中小企业建立年金制度创造更好的政策空间。

（一）出台专门针对中小企业参加年金计划的税收优惠政策

给建立年金计划的企业以税收优惠政策推动，是国际通行的做法。我国现行法规中没有专门针对中小企业年金计划的税惠政策。为破解中小企业年金发展困局，当前需要尽快出台适合我国需要的集合年金计划管理办法。同时，需要尽快修订完善年金计划税惠政策，明确个人缴费部分的税惠模式和优惠比例，比照国际经验，为中小企业建立年金提供更加优惠的税收政策。明确规定中小企业缴费优惠幅度可以更大一些，员工个人缴费的减税比例可以更高一些。如可将中小企业员工个人缴费进入账户的免税额度提高到基本工资的3%－5%；企业缴费进入年金账户后，规定一定比例的缴费即刻属于个人等。只有政策更加优惠，为集合年金业务创造更有利的税惠环境，中小企业才能在交纳基本养老保险费用的基础上，既有积极性又有能力参加企业年金计划，中小企业集合年金市场才能快速发展。

（二）降低基本养老保险缴费率，为发展企业年金留出更多空间

目前我国参加基本养老保险按照缴费工资的28%缴存，其中企业缴纳20%，个人缴纳8%，再考虑到医疗等保险的缴费，综合缴费率是比较高的。相比而言，美国的基本社会保障缴费率只有12.4%。我国缴费水平不但高于美国等国，而且还远远高于许多实行高福利的国家（白重恩，2009）。基本养老保险缴费率过高，会带来几个不利的后果。首先，对企业而言尽可能地减少雇佣人数是明智的选择，因为企业的缴费再高，也无法对职工进行有效的激励，只是达到社会平均水平的要求而已。参加了基本养老保险后，企业没有能力再建立对企业管理十分有利的年金计划了。基本养老保险的高缴费率对企业年金计划的挤出效应十分明显。在企业年金计划缺乏的情况下，基本养老保险独自支撑养老责任的风险较大。为了改善这种境况，政府可以合理定位基本养老保险与企业年金计划间的责任分工，降低缴费标准，逐渐缩小基本养老保险承载的养老责任，给中小企业留出发展年金计划的空间。

（三）降低中小企业年金基金的运营成本

需要尽快出台集合年金投资管理方面的具体规定，鼓励专业的基金管理机构专门为中小企业年金计划设计针对性的年金基金产品的投资服务，以服务于资金量规模小、业务量频繁、涉及面广的单个中小企业年金计划。通过制度调整和产品设计，以集合计划产品的方式提高效率，最大可能地降低投资运行成本。为了吸引更多的员工参与年金计划，年金基金不对加入计划的年金基金规模设立限制，只规定最低人数要求，比如最低10人以上，就可以建立集合年金计划，让在单一年金计划下无法获得基金管理服务的中小企业得到低成本的服务。目前，我国许多有远见的大型金融机构已经布局中小企业年金市场，不断推出面向小企业和个人的准集合年金计划，例如国内某大型商业银行推出的“如意养老2号”年金产品，该产品是标准化年金产品，为分散性、流动性强的员工和企业提供了建立年金计划的一种选择。政府应该鼓励这种金融创新和尝试，并在营业税等政策的环境下给予适当的优惠，以税收杠杆推动金融机构给中小企业提供低成本的年金基金管理与服务。

（四）推出集合年金计划管理办法

适时出台集合年金计划与基金管理办法，给广大中小企业及其员工创造更多参与年金计划的条件非常重要。这样的政策规范可以为数量巨大、牵涉面广泛的集合计划提供操作依据，使它们在计划方案设立、年金账户开设、计划运行管理、投资收益分配等各个环节都做到有法可依。由于中小企业的员工人数众多，相关的年金业务频繁，每笔的年金业务量又比较小，办理业务的时效性要求高，这些特点决定了集合年金计划的管理办法必须制定出公开透明、可操作性强的统一格式，建立标准化的业务处理模式，让对公众的年金业务办理简便及时，年金基金管理人之间的信息交流方便顺畅，以标准化、规范化、便利化为方向，推动我国集合年金计划的快速发展。

（五）建立中小企业年金基金的担保机制

中小企业的一大特点是生存期限较短，这与它们经营过程中实力较弱、抵抗风险的能力差、破产的风险较大是相对应的。中小企业在发展中面临困境，或者破产倒闭后，随时都可能退出集合年金计划。与此同时，集合年金基金的投资管理也面临市场风险。一旦投资损失较大，集合年金计划可能会停止运行，这会损害到广大员工的切身利益。员工不仅得不到企业所交纳的部分年金，而且个人交纳的年金部分也可能面临着损失。这不仅关系到数目众多的中小企业员工的切身利益，而且也关系到社会的公平与稳定。为了防止集合年金计划可能带来的负面事件发生，有必要建立年金计划再保险，给集合年金计划提供担保服务，以确保集合年金计划中的受益人在年金计划投资运营遭受巨大损失时，能够得到一定程度的补偿。这也从一个侧面反映出完善社会保障机制的重要意义。①

六、发展中小企业年金的意义

党的十七大报告强调要加快完善社会保障体系。近年来，我国劳动力市场开始出现结构性供应短缺，发展中小企业年金计划对于劳动者和企业双方都具有积极效应。从经济社会发展的整体来看，发展中小企业年金计划对于稳定就业、健全养老保险体系、促进国家经济增长意义重大。

---

① 牛海．中小企业年金的重要作用及发展路途分析［J］．兰州学刊，2010（11）．

（一）有利于中小企业的持续发展

现代企业管理制度中，年金计划是企业非常有效的激励手段。年金计划可以帮助企业稳定员工队伍，为企业的可持续发展提供重要的人力资源条件。中小企业要在激烈的市场竞争中站稳脚跟，不断发展，必须依靠稳定的员工队伍和高素质人才的支撑。如果中小企业还像以往短缺经济和劳动力极其丰富时期那样，用人唯亲、工资极低，不管员工的社会保障，很难留住有用之才。年金计划为企业管人、用人提供了多种选择，年金计划可以建立更加合理的薪酬福利体系，优化不同岗位人力资源的管理与配置，把员工与中小企业的发展成长密切地联系起来，解决我国中小企业长期以来留不住人才、人力资源匮乏、缺乏核心竞争力的窘境。中小企业加入集合年金计划后，为员工在企业长期稳定地工作建立了良好基础，增强了员工的归属感和安全感，增加了员工的忠诚度，提高了中小企业的凝聚力和稳定发展能力。

（二）有利于我国收入分配制度改革

我国正在对收入分配制度进行重新设计与调整，以期能够解决由于收入分配制度不合理而引起的众多社会经济问题。发展企业年金的大致方向是政策向中小企业让利，企业再通过年金计划把这部分让利转给劳动者。在以往我国的许多政策下，高额的税费政策压缩了许多中小企业建立年金计划的空间。如果政府在新的收入分配制度改革中，能够切实有效地改善中小企业的生存发展环境，给中小企业减免税收，允许它们进入垄断行业发展，提高自我发展能力等政策，同时，通过政策引导中小企业建立和发展年金计划，更好地保护劳动者的利益，并根据给予中小企业的优惠程度要求它们按照相应的比例缴纳企业年金费用，将有效地防止分配严重倾斜的趋势。

（三）有利于健全我国的社会保障体系，让低收入者、工作不稳定者老年时多一份保障

由于我国政府对社会保障的投入支持力度偏低、偏弱，我国的社会保障制度总体上呈现出保障标准低、覆盖人数少、制度不健全的不足。中国人靠家庭保障的传统还在延续，公众收入中有很大部分用于预防性储蓄就是非常好的证明。健全社会保障制度的任务还很艰巨，完善企业年金制度就是其中一个重要方面。企业年金制度能够帮助政府减轻基本养老保险的负担，给企业发展增加动力，为职工老年生活多储备一份保障。可以说，年金计划为员工增加了一种市场经济条件下进行养老金风险管理的重要手段，也间接推动

了资本市场发展，保障了社会稳定，对于实现“广覆盖、保基本、多层次、可持续”的社保发展目标具有重要的现实意义。

第四节 结 语

美国全国员工持股中心的研究结果发现，实行雇员股权退休金计划的公司在企业生产率上比不实行的公司平均高8%－11%，说明建立年金计划对企业是有利的。不过，各类企业要根据自身的情况，建立不同形式的年金计划。具体来说，企业要综合考虑市场水平、公平和效率、法律规范和总体成本等方面，研究总体市场、行业水平以及竞争对手的做法，确保本企业的年金计划要有一定的吸引力，也能够覆盖到大部分的职工，同时给予不同类别员工以不同的福利水平，做到效益优先、兼顾公平，把员工的工作和创新热情激发出来，实现企业和员工的互利双赢。如果在政策优惠到位的情况下，企业仍然不为员工考虑，拒绝为员工建立年金计划，在劳动力供求相对均衡的时代，员工会用脚来投票，选择就职企业，给企业以压力。员工对企业年金发展的动力将在下一章中讨论。

第五章　企业年金发展的员工动力

跨期选择理论认为，理性的经济人如果能够把生存期内每一个时期的消费和将来收入带来的期望效用加总，就能实现整个生命周期内总效用水平的最大化。要想达到这个目标，人们需要在生命周期的早期阶段，即年富力强时多进行财富的积累，并选择开展适当的投资理财，为老年退休后积累更多的养老财富，保持老年时的消费处在较高的水平。从纯粹的理论假设分析，经济人只要选择适当的比例，进行当前消费与将来投资的合理配置，就能够实现总体效用水平的最大化。但在现实中，人们的决策往往是非理性的，未来的收入也有很大的不确定性，导致无法形成最优的决策和总体效用的最大化，从而使老年生活陷入贫困的可能性增大。作为对市场的补充与对个人选择的纠正，国家更多地介入到收入分配领域，通过政策进行收入再分配，部分地承担了保障公民退休后老年生活的责任，逐渐建立和发展起以基本养老保险制度、企业年金计划等为主体的社会养老保险体系。可以说，跨期选择理论为个人账户式年金制度提供了有力的经济学理论支撑：从一生消费的平滑性考虑，不完全理性的人需要年金制度进行养老风险的有效分担。基于这样的理论认识，本章讨论员工个人在建立和发展年金计划时的积极性来源，提出以“阶梯 TEE”税惠政策为起点，通过建立年金个人账户，规范年金各阶段的运营和管理，发挥员工个人的参与和监督作用，做实个人账户，进行投资增值，形成参与建立年金计划的个人动力。

第一节　员工对企业年金的潜在需求

一、养老金待遇“一国多制”

我国的养老金制度是“碎片化”的，公务员、事业单位员工、企业员工、农民都有自己的养老金系统，有人戏称养老金待遇“一国多制”是中国的一大特色。“新农保”的实施为农民工养老进行托底，因为经历了从无到有的过程，农民的满意度提高了很多。相对而言，对养老金制度最不满意的是企业退休人员，他们认为企业退休人员的养老金待遇过低，对于工作时在企业为国家创造财富的职工而言，退休后理应享受较好的待遇，起码要与公务员和事业单位人员的待遇相同。由于人为因素造成的制度分隔，在企业工作的人员要求养老金待遇平等的呼声强烈，这也从另一方面反映了他们对企业年金的潜在强烈需求。

众所周知，近几年一些企业退休人员加入了“愤青”的行列，他们最为不满的就是同样职称、级别的专业技术人员，在企业退休和在机关事业单位退休，养老金待遇差别巨大。在一些退休老人手上流传的人社部发〔2011〕2号《关于规范在京中央事业单位退休人员津贴补贴的通知》中规定，给各类专业技术人员增加的津贴补贴中：正高级工程师2980元/月，副高级工程师2460元/月，高级技师2110元/月，从2010年1月起实施。加上工资和房贴，正高工程师每月退休金可达7000元左右，是同级别企业退休人员的3－4倍。这些企业退休的高工们认为他们是财富的直接创造者，为什么不如机关事业单位的勤杂工？要求恢复科技干部身份的呼声比较强烈。这种情况在上海也存在。笔者通过九三学社上海委员会的一名老干部获悉，上海市的企业退休人员养老金与全市退休人员的养老金水平有差距，与事业单位人员退休金水平也有差距。如下表所示。

表5－1　上海企业人员平均养老金与全市平均养老金对比表　　单位：元/月

年份	全市平均养老金	全市平均增加数	企业平均养老金	企业平均增加数	企业与全市平均养老金之比
2003	936	55	873	55	93.3%
2004	998	62	929	56	93.1%
2005	1063	65	994	65	93.5%
2006	1209	146	1099	105	90.0%

资料来源：九三学社上海委员会研究报告2008。

从上表可以看出，企业退休人员与全市平均养老金之间的差距在拉大，由于机关养老金的列支有部分出自财政，且数据来源受到限制，所以可比性不太强，下表仅比较企业与事业单位的养老金数额。

表 5－2　上海企事业单位人员养老金对比表　　单位：元/月

年份	企业平均	事业平均	企业/事业	月差额
2008	1501	2022	74.2%	521
2009	1671	2241	74.6%	570

资料来源：九三学社上海委员会研究报告 2008。

表 5－3　上海企事业单位高级职称人员养老金差额　　单位：元/月

年份	职称	企业平均	事业平均	企业/事业	月差额
2008	正高	3267.2	4500	72.6%	1232.8
2009	副高	2626.3	3500	75.0%	873.7

资料来源：九三学社上海委员会研究报告 2008。

从表 5－3 可以看出，职称越高，差距越大，这种情况近年来并没有从根本上改观。这种制度安排对企业人员形成了示范效应，他们对养老金问题非常敏感，造成很多年轻人热衷于往机关走。如果多数企业建立了年金计划，提高企业职工退休后的养老金待遇，缩小与机关事业单位退休人员的差距，可以有效减少社会矛盾，吸引更多优秀人才进入企业，积极参与社会财富的创造。

二、案例调查——企业工作族渴望年金

笔者通过对一些公司员工的走访调查，发现各阶层员工对企业年金的需求非常强烈。下面是笔者调查的几个实证案例：

案例 1：公司文员——年金制是大趋势

现在的养老金制度实在太复杂了。公务员、事业单位、企业间不一样。大城市、小城镇、农村有区别。太复杂，太难懂。企业职工基本养老制度改革后，企业退休人员一个月的养老金 2000 多元，公务员退休后一个月拿到 5000－6000 元是不稀奇的。不公平就产生了，公务员工作时不缴费，退休后不仅有养老金，而且这不缴费的比缴费的拿的还高很多。现在人的寿命长了，这一拿就是二三十年，一比气死人。

这种不合理已经很明显了，因此要改革。思路之一是不管公务员还是事业单位，是企业职工还是普通居民，到了退休，政府发基本的养老“吃饭钱”。有职业的人可以通过各种各样的职业年金，比如企业年金、教师年金、医生年金、公务员年金等补充提高，贡献多拿的多。工作 30 年的比工作 20

年的年金就应该高。

案例 2：公司咨询——位置决定年金

年金对于大多数私企员工来说很陌生，可能只有效益好的国企中才有。年金能带来更好的退休生活，但注定会让大多数人不舒服，加剧了社会不公平。现今是身份决定收入。单位里有正式在编人员、合同制人员、长期临时工、短期临时工，身份越低，收入越少，做事越多，年金只是“婆罗门”才有，他们是“贵族”。

说起来，年金只是一种手段，它本身并不能带来公平或不公平。关于年金，有这样一种定义：年金源于自由市场经济比较发达的国家，是一种属于企业雇主自愿建立的员工福利计划。以此去对照，我们还不是自由市场经济，新时期下的工会制度还待完善。所以年金制不仅不普及，名声也不太好。外企、私企搞年金制，那是人家自己的事，钱是自己赚出来的。大型国企、事业单位，大多是靠公共资源获得高效益的。他们的从业人员退休后比别人拿得多，并不是贡献大的体现，只是因为占了个好位置。

案例 3：公司总监、海归——应该让员工分享企业发展成果

我在日本工作过 9 年，走的时候拿到了数十万日元的年金。这个数字已经很不错了，老板还遗憾地说：“如果你做满 10 年，年金的系数还能增加 1.5 倍。”在日本企业就是这样，工作时间越长，积累的年金便越高，如果能从一而终干到退休，一次性领取的退休金是相当可观的，这既是日本企业员工流失率较低的原因，也是许多日本老人能在退休后四海为家、周游列国的一个重要原因。

回到国内后，我在求职中想当然地以为国内的企业对员工也有这一块红利。打听下来有年金的却寥寥无几，即使个别有的，也是把原来用来发放工资奖金的一块挖出来，单列为养老金或住房津贴，到一定年资方可按比例提取，虽然名义上多了一块保障，但总金额累积起来却和其他同行中不发年金的企业基本相同，没有特别显著的增量和优势，可以说换汤不换药。如果像发达国家一样，免税比例高一点，审批手续再简单一些，运行规范一些，老板出钱后不再承担风险，这样更有利于年金制度的发展。希望有一天，我能从自己的公司开始，说服更多企业实行名副其实的年金制度，让员工分享企业发展的成果。

第二节　基本养老金制度下的养老问题

一、基本养老金替代率持续走低

我国当前基本养老金替代率的具体数据究竟是多少，国内外相关的研究学者和研究机构都有各自的表述。虽然具体数据有差异，但比较一致的看法是，近几年我国企业职工基本养老金的替代率一直处于下降的趋势，而且替代率越来越低。笔者根据国家统计局关于在岗职工平均工资数，与每年养老金领取数相对的养老金总额，概算出全社会养老金的平均替代率是逐年走低的。具体见下表5-4。我国自2002年以来在职工资的增长率一直高于养老金的增长率，养老金替代率一直呈下降趋势。

表5-4中的只是平均数值，这样的养老金收入对大多数低收入者而言，只能维持基本的生活。而对于中高收入者来说，养老金替代率下降得更快，退休收入的实际水平更低，退休后的生活受到更大的影响。相比较而言，OECD国家基本养老金的替代率处于相对较高水平，而且这样的替代率是在他们国家有着比较完善的第二支柱支撑的情况下达到的基本养老金水平。

表5-4　2002年以来我国养老金社平替代率变化情况

时间	在岗职工平均工资（元）	比上年增长	城镇职工人均养老金收入（元）	比上年增长	养老金社平替代率
2002年	12，422.00	14.28%	7879.85	0.01%	63.43%
2003年	14，040.00	13.03%	8087.92	2.64%	57.60%
2004年	16，024.00	14.13%	8536.29	5.54%	53.27%
2005年	18，364.00	14.60%	9250.83	8.37%	50.37%
2006年	21，001.00	14.36%	10563.71	14.19%	50.30%
2007年	24，932.00	18.72%	12041.30	13.99%	48.30%
2008年	29，229.00	17.23%	13933.18	15.71%	47.67%
2009年	32，736.00	12.00%	15316.00	9.92%	46.79%
2010年	37，147.00	13.47%	16740.68	9.30%	45.07%

（续表）

时间	在岗职工平均工资（元）	比上年增长	城镇职工人均养老金收入（元）	比上年增长	养老金社平替代率
2011 年	42，452.00	14.30	18700.56	11.70	44.05%
2012 年	47，593.00	12.11	20900.39	11.76	43.91%

资料来源：根据国家统计局各年度统计年鉴整理。

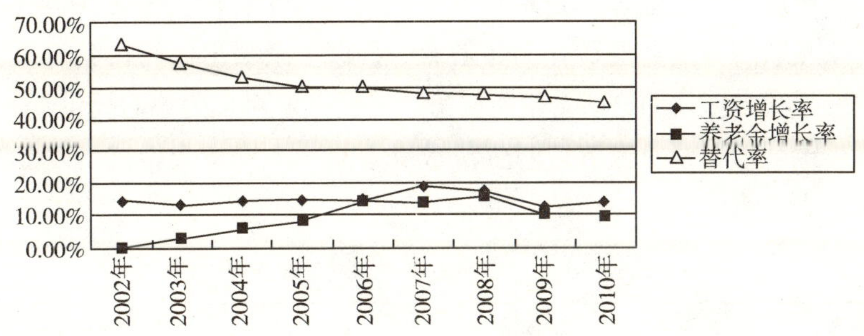

图 5－1　我国在职职工工资与养老金增长率之比较

资料来源：根据国家统计局各年度统计年鉴整理。

表 5－5　部分国家不同收入水平者基本养老金替代率国际比较（男性）　　单位：%

	中位数收入者	0.5 倍平均收入者	平均收入者	1.5 倍平均收入者
挪威	52.9	63.4	53.1	41.7
波兰	59.0	59.0	59.0	59.0
葡萄牙	54.4	63.3	53.9	53.1
斯洛伐克	57.5	57.5	57.5	57.5
斯洛文尼亚	62.4	64.3	62.4	62.4
西班牙	81.2	81.2	81.2	81.2
瑞典	53.8	68.3	53.8	68.7
瑞士	59.3	65.2	57.9	40.9
土耳其	69.5	76.4	64.5	64.5
英国	37.0	53.8	31.9	22.6
美国	42.3	51.7	39.4	35.3
OECD－34	60.6	72.1	57.3	52.0
欧盟－27	62.9	70.1	61.6	58.3

资料来源：OECD 官网。

从上表可以看出，OECD 国家基本养老金平均替代率，低收入者为 60.6%，中等收入者为 72.1%，收入水平是平均水平的 1.5 倍的人群，基本养老金的替代率也达到 52%，稳定在一个相对较高的水平。同时，他们的第二支柱水平比较高。平均替代率在 20% 以上，两者相加，来自国家和社会管理的一、二支柱养老金的替代率普遍达到 70% 以上，形成了较高的养老保障水平。

再看我国的基本养老保险，由于受到缴费上限和基金运作方式的限制，中高收入阶层的养老金收入是封顶的，他们缴费工资的上限是平均工资的 3 倍，将来领取的养老金也是有最高限额的，这个限额与他们在职时的工资水平相比要低很多。他们迫切希望能有第二支柱企业年金为他们提供双重保障，来提高养老金水平，使退休后的生活水平不至于下降太多。这里以上海市的数据为例来说明。

表 5－6　社会基本养老保险费的缴纳

缴费人	个人（被保险人）	个人所在单位
缴费基数	个人上年的月平均工资，且最高不高于上年当地月平均工资的 3 倍，最低不低于上年当地月平均工资的 60%。	
缴费比例	8%	20%（上海为 22%）
缴费方式	月缴（单位在薪水中代扣）	月缴

资料来源：根据国家和上海市养老金计发办法整理。

表 5－7　社会基本养老保险金的领取

	基础养老金	个人账户养老金
领取标准	上年当地月平均工资 + 个人平均缴费工资①/2 × 1% × 缴费年数	个人累计余额/计发月数②
①此处以个人平均工资代替个人指数化工资。②以 57 岁退休，计发月数对应为 158 个月。③个人养老金的利息不低于 1 年期定期存款利率。		

资料来源：根据国家和上海市养老金计发办法整理。

表 5－8　按缴费基数的下、上限缴费的人养老金替代率（以 2010 年上海的数据为例）

	职工甲：缴费基数 2338 元	职工乙：缴费基数 11688 元
个人月缴费	2338 × 8% = 187 元	11688 × 8% = 935 元
单位月缴费	2338 × 20% = 468 元	11688 × 20% = 2338 元

（续表）

	职工甲：缴费基数 2338 元	职工乙：缴费基数 11688 元
基础养老金领取标准	（2338 +3869）/2 ×1% ×25 =776 元	（11688 +3869）/2 ×1% ×25 =1945 元
个人养老金领取标准	187 ×12 ×25 ×1. 0325/158 =744 元	935 ×12 ×25 ×1. 0325/158 =3718 元
退休金合计	1520 元	5663 元
替代率	1520/2338 =65%	5663/11688 =48%

资料来源：根据国家和上海市养老金计发办法整理。

从以上简单的计算可以看出，在上海市，无论是高收入者还是低收入者，基本养老金的替代率都是比较低的，因此，发展年金的需求量还是很大的。按照现行制度，无论你在职时的收入有多高，养老金的领取是封顶的。如下图所示。

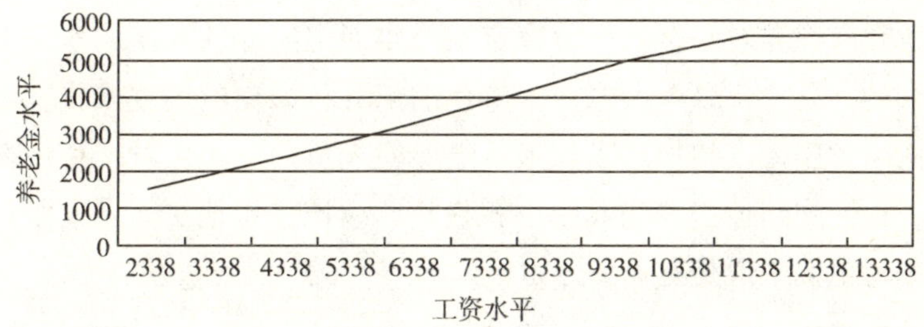

图 5 -2　受缴费基数限制的工资—养老金关系图（单位：元）

资料来源：根据国家和上海市养老金计发办法整理。

在这种情况下，很多希望拥有多一层养老保障的人愿意参加企业年金计划。

2007 年上海市按照国发〔2005〕38 号文件的规定，对城镇企业职工基本养老金计发办法进行了调整。调整后的办法把基本养老金待遇水平与参保人员的缴费年限、退休年龄有机联系起来，突出养老金待遇多缴多得、长缴多得、晚领多得的基本原则。2010 年，上海市按照国家要求，对《城镇企业职工基本养老金计发办法》进行了地方性的修订和进一步完善，建立了月平均缴费工资指数化制度，把参保人员的缴费工资与养老金待遇水平进行了挂钩计算，体现出养老金水平多缴多得的基本原则。城镇企业职工基本养老金计发办法中的基础养老金月标准以本市上年度职工月平均工资和本人指数化月平均缴费工资的平均值为基数，缴费每满 1 年发给 1%。基础养老金的计算公式为：

基础养老金 =（参保人员办理申领基本养老金手续时上年度全市职工月平均工资 + 本人指数化月平均缴费工资）÷2×（1%×缴费年限）

可以看出，养老金基础部分由社会平均工资和个人指数化工资共同组成，而且多缴一年的费，多得 1% 的基础工资，经过复杂的指数化调整后，缴费与受益关联性、对等性不强，许多员工缴费差距比较大，基础养老金却没多少差距，造成缴费的积极性不高，而且还有提前退休的激励。在具体操作方面，他们大多选择按最低标准缴费，说明现在的人不愿加入基本养老保险。造成这种情况的一个重要原因是，企业和个人的缴费比例高，替代率水平却低。有学者利用 Alan auerbachr 的代际平衡核算体系[①]分析我国企业基本养老保险，认为现行体系无法实现代际平衡，如果企业缴费降到 18%，或者员工缴费降到 6.25%，或养老基金增值率上升到 6%，才能实现代际平衡。不过现实中，很多地方政府把养老基金的增值率定在一年期定期存款利率的水平上，这是远远不够的。另外，以个人账户为特色的部分积累制的制度安排，虽然减小了当前的财政压力，却加重了加入养老保险人员的负担，对现存供款人是不公平的，也影响到他们参与其中的积极性。应该另想他法。个人账户制企业年金计划对他们来说是有吸引力的。

二、现有个人账户难以应对长寿风险

我国企业职工基本养老金由两部分组成，包括基础养老金与个人账户养老金。1997 年我国企业基本养老保险制度改革时，设计的个人账户替代率是 38.5%。这个目标替代率的设定依据是：假设预期寿命是 70 岁，实际工资增长率等于实际利率，职工按照缴费工资 11% 向养老保险体系缴费 35 年，退休时个人账户达到这一替代率。[②]后来在 2005 年调整两者的比例之后，把个人账户的替代率水平降低到 24% 左右，增加了基础养老金的替代率水平。

2010 年上海的人均预期寿命超过 81 岁，全国人均预期寿命超过 73 岁，

---

① 蒋云赟．我国企业基本养老保险的代际平衡分析［J］．世界经济文汇，2009（1）．

② 何立新，封进，佐藤宏．养老保险改革对家庭储蓄率的影响：中国的经验证据［J］．经济研究，2008（10）．

个人账户缴费下降到个人缴费工资的8%，而且还没有完全进入个人账户，也就是说我国的个人账户是空账，不知何时能做实。而且现在的规定也非常不利于养老。比如，《上海市人民政府关于调整本市城镇企业基本养老金计发办法的通知》（沪府发〔2007〕27号文件）规定，1993年1月1日起参加工作的参保人员，缴费年限累计满15年后，达到法定退休年龄者可按月领取基本养老金。基本养老金由基础养老金以及个人账户养老金两部分构成。个人账户养老金月标准为个人账户储存额除以《决定》规定的计发月数。下面我们根据实际操作的规定，再重新计算一次个人账户设定的目标替代率的变化情况：

假设：员工预期寿命是73岁，实际工资增长率等于实际利率，个人账户收益率为一年期存款利率2.5%，职工按照缴费工资8%的比例向养老保险体系缴费分15年、20年、30年、35年四个档次，领取年限以上海市规定的55岁退休领取170个月计算，退休时个人账户替代率依次为：8.39%、11.50%、16.12%、18.18%。所以按照实际操作情况，个人账户不可能达到38.5%的替代率水平。

表5-9　上海市个人账户养老金退休年龄与计发月数关系表

退休年龄	计发月数	退休年龄	计发月数	退休年龄	计发月数
45	216	54	175	63	117
46	212	55	170	64	109
47	208	56	164	65	101
48	204	57	158	66	93
49	199	58	152	67	84
50	195	59	145	68	75
51	190	60	139	69	65
52	185	61	132	70	56
53	180	62	125		

资料来源：上海市人力资源与社会保障网站。

另外，我国员工的实际退休年龄还低于法律规定的年龄。一个从事特殊工种可以45岁退休的员工，在63岁时，基本养老金中的个人账户资产已经没有了。60岁退休的员工，在72岁时个人账户部分已经没有了。只能靠养老金中的基础养老金部分艰难维持生存，生活水平下降很大，风险也相当大。正常工种的人在中国退休也是非常早的。2010 年，中国员工的平均退休年龄是 52 岁，①女性工人的法定退休年龄是 50 岁，这个退休年龄很低，低于欧洲十几年。欧洲许多国家退休年龄已达到 67 岁，与我国平均退休年龄相差 15 年。一个 52 岁退休的女工人，个人账户的领取年限为 15.4 年，即到 67 岁时，个人账户里已经没有资金可以利用了。

上述分析是建立在我国个人账户可以依靠的前提下的。现实的情况是个人账户是空账。基本养老保险是“统账结合、混账管理、空账运行”，个人账户积累被用于统筹支付，累计已结余 1.9 万亿元的全国养老保险基金，② 并没有落实到对应的个人账户中。根据原劳动和社会保障部副部长刘永富提供的数据，在 2004 年底时，我国基本养老保险个人账户部分已经被挪用掉的资金规模达 7400 亿元，造成个人账户的空账以每年 1000 亿元的速度增加。按照这样的规模计算，到 2010 年底时，个人账户空账规模大约为 1.3 万亿元左右。即使后来做实个人账户试点在全国 13 个省市陆续展开，做实的起点从 3% -8% 不等，由于需要大量的财政资金支持，各省市也都采取循序渐进的办法，目前个人账户试点省份共积累基本养老保险个人账户基金 2039 亿元，不到总额的七分之一。做实个人账户的工作任重而道远。③

我国的个人账户只是名义上的，实际上个人无法控制，也没有选择投资、支配等的权利，被挪用是国家用强制性的制度安排操作的。可以说，我国职工养老金个人账户部分的定位发生了偏差。因为，个人账户的运行是一种“混合管理，分账运行”机制，这既不与基金制模式下的个人账户相一致，也不同于真正意义上的名义账户制。而是把缴费确定型制度的特点与现收现付制的方式结合在一起。这种制度设计为养老保险制度的改革与过渡提供了方便，但账户资金的管理与增值面临严重的问题。因为积累资金的收益率是根据基金制模式下个人账户的投资收益来确定的，并没有按照名义账户制下的内部收益率机制来确定。这种制度安排无法保证基金的保值增值，不利于养老保险基金的长远发展，并会给参保者的养老金支付带来较大风险。

① 郑功成. 中国养老金发展报告 2011.

② 胡晓义. 我国基本养老保险基金结余 1.9 万亿元 [N]. 经济参考报，2011-04-19.

③ 《2010 年度人力资源和社会保障事业发展统计公报》.

目前，我国的养老金个人账户虚账做实工作还没有时间表，积累的资金投资收益得不到保证，个人参与和知情的权利渠道狭窄，对基本养老保险个人账户部分无法给予较高的期望。如果这时有企业年金个人账户作为补充，接替个人账户部分不够留下的空缺，将是十分必要的。

三、少子化导致家庭转移支付减少

我国的社会养老保险体系比较薄弱，在新中国的很长一段历史上，公民参与养老保险的比例较低，制度覆盖的人群也十分有限。所以老年人的养老大多都是依靠其他家庭成员供养来维持。根据2009年国家统计局关于人口变动抽样调查资料显示，养老问题主要依靠家庭供养的人数为34.4%，其中男性的比例为22.2%，女性的比例则高达46.4%。计划生育政策实行了30多年后，导致目前中国进入人为干预的少子化时代。独生子女进入工作年龄后，老年人的生活费用中来自子女的转移支付减少，像以往那样靠大家庭的赡养已不可能。

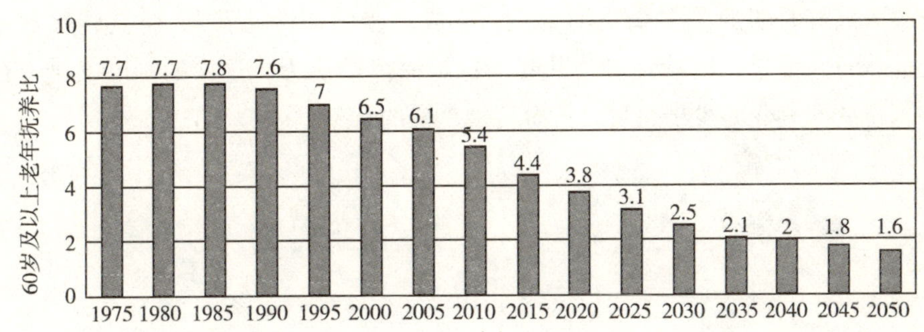

图5－3　2010年以后我国劳动年龄人口与60岁以上老人比例持续大幅下降

资料来源：联合国（2007）。

根据“六普”的数据，2010年我国60岁以上的人口1.78亿，老年抚养比为18.5%。随着今后几年老龄化的加速，我国年轻人的比例将进一步降低，老年人比例快速升高，2020年老年抚养比将超过26%，等于不到4个工作年龄人口抚养一位60岁以上的老人，这是全社会的总体情况。再看具体到每个家庭，2个工作年龄的人口需要贴补4个以上老人的生活开支，不仅压力很大而且也不太现实。另外，随着时代的变化，人们的经济活动方式也在转变。受市场经济以及发达国家消费主义的影响，我国年青一代员工的生活习惯、消费观念也在发展巨大的变化。跟老一代人相比，他们储蓄的积极性不高，追求时尚，喜欢享受。在城市的工薪阶层、职员白领中，工作下来是“月光族”的比比皆是。他们的行为更像西方经济学中强调的“理性经济人”，对消费的偏好远超自己的父辈们，要让这一代人承担家庭养老的经济责任是有困难的。他们自身的养老储蓄问题也需要国家以优惠的政策加以引导。考虑到我国大部分年轻员工的收入水平并不高，5000元左右的月薪除去生活开支在大城市也不会有多少剩余。由于我国个税沿用分类制征收，在这种情况下，如果给予2.5%的年金企业缴费部分进入个人账户时免税，即使这么低的比例对这些年轻人还是有吸引力的。

在较低免税待遇的引导下，个人账户的养老功能就会突显。个人账户企业年金计划强调个人缴费的产权归个人所有，账户资产不存在代际进行再分配的功能，只针对所有人具有跨时再分配功能，因而具有很强的激励效应。跨时再分配是指通过养老金制度的安排，实现个人收入在不同时期内尽量均匀化。对同一代人而言，他们在年轻时年富力强，收入呈不断增加趋势，而一旦达到退休年龄，其竞争力下降，收入减少。年金的功能之一就是相对抑制收入高峰时期的“多余”消费量，形成“半强制性储蓄”，将其转移到年老退休时来消费，以减轻对公共养老保险制度的压力。这样的制度安排，在中国传统家庭变为少子化后，将有特别重要的意义。

第三节　企业年金——真正做实的个人账户

从上述我们能够看到，我国基本养老金体系面临巨大压力，替代率下降，个人账户部分名不符实，虚账大面积存在，不足以应对现在缴费的劳动年龄人口将来的养老问题。发展企业年金制度，建立真正做实的个人账户，可作为基本养老金个人账户的有益补充，接力应对退休者长寿风险，共同构筑我国的养老保险长城。

一、年金个人账户税惠理想模式

只有在年金进入个人账户时给予税惠政策，才会激发员工建立年金计划的热情。中国目前实际上实行的是针对个人“TEE”或“TTE”税制，也就是企业缴费5%的部分可从成本中列支，但进入个人账户时要缴税。虽然在投资收益阶段、领取阶段没有明确规定如何收税，但在实际操作中也有纳税的情况存在。即使有免税的待遇，由于绝大多数人没有年金，也就无从感受这种好处。中国的股市不成熟，年金基金分享股市利润也不明显。

各界普遍推崇的年金账户税惠的理想模式是 EET 制，认为这种税制是吸引员工加入年金制度的最有效办法。确实，员工积极性的来源首先是员工缴费部分免税或者延税，否则，员工并没有把钱放入个人账户而不支取现金的充分理由。实施年金税惠政策，就是允许企业和职工在税前收入中缴纳适当比例的工资收入进入年金计划进行积累，等到退休后领取养老金时再根据相应的税率缴纳个人所得税。考虑到税率是随着人们的收入水平而分级提升的，在人们领取养老金阶段的收入水平，会比退休前工资收入水平低，因此相对应的税率级别也低，养老金的延迟纳税无疑可使员工享受更低一级税率的优惠。具体情况可通过简单的数字式子进行说明，假设：

C 为年金缴费

I 为平均利率

t 为职工在职时收入水平所对应的税率

t'为职工退休后收入水平所对应的税率

假设职工不参加年金计划，只是先交纳个税后再通过储蓄进行积累，那么经过 n 年后，积累的总额为：$c(1-t)(1+i)^n$；

假设职工参加了年金计划，先从工资中拿出部分收入进行积累，领取时再交纳个税，那么经过 n 年的积累后，基金总额达到：$c(1-t')(1+i)^n$；

考虑到职工在职期间的收入水平比较高，个税适用的税率也较高；退休后收入水平下降，适用的个税税率也下调，也就是 $t'<t$，

因此，我们得到：$c(1-t')(1+i)^n>c(1-t)(1+i)^n$

该式子的经济含义是：延迟纳税能够得到更多的税收优惠。对于参加企业年金计划的人而言，如果当前的年金计划能够获得税收政策的激励可以延税，那么长远看是有利于年金基金的积累的，也有利于个人养老金收入的提高。更加具体的情况来看表 5－10 中 EET 税制对个人账户积累额的影响。

现在假设：员工目前的年金缴费为 1000 元，5 年后将退休，期间税率为 20%，这 5 年内的名义投资回报率设定为年均 10%。

表 5－10　不同优惠模式对收益的影响

	TEE	EET	TTE	ETT	EEE	TTT	ETE	TET
缴费	1000	1000	1000	1000	1000	1000	1000	1000
缴费税收	－200	—	－200	—	—	－200	—	－200
基金	800	1000	800	1000	1000	800	1000	800
基金积累	1290	1610	1180	1470	1610	1180	1470	1290
领取税收	—	－320	—	－290	—	－240	—	－260
净年金	1290	1290	1180	1180	1610	940	1470	1030
增值率	29%	29%	18%	18%	61%	－6%	－47%	3%

通过计算发现：在相同税率下，对于本金税来说，雇员的领取值是相同的，也就是说对本金的征税额是中性的，在 TEE 或者 EET 税惠制度下，雇员都得到1290，收益是最高的。这时，税制的选择就倾向于激励人们在工作时期与退休期间进行合理的分配消费，因此，众多国家就选择 EET 税惠制度，安排对年金计划在领取时再征税。这种制度安排既简单易行，又有利于促进年金计划的建立与发展。再加上许多国家考虑到老年人获取收入能力已大大下降，医疗保健方面的开支大幅增加，在个税征缴方面也有一些特别的照顾政策，通过设定较高的税收免征额，或者调低征收的税率等措施，让职工个人账户中的资产发挥最大的养老作用。

二、“阶梯 TEE”税惠模式与个人账户积累

通过比较我们发现，EET 税惠制度对年金个人账户资金积累是最有利的。但是在我国目前的税制大环境下，要为企业年金的发展单独破例改革税制是比较困难的，所以现实的选择是先推行“阶梯 TEE”税惠制度，这也可以在短时间内起到促进年金发展的目的。因为年金个人账户的积累对替代率的贡献还是比较大的，基金制年金计划可与基本养老保险形成有效互补。

以下选择 2012 年年龄分别为 25 岁的女工人、女干部和 30 岁的男职工作为个案，来分析其建立企业年金计划的情况。

1. 我们建立一个简化的年金模型：

$$P = \sum_{k=0}^{n-1-x} C \cdot S_{x+i} \cdot (1+g+r)^k/(1+i)^k \qquad (1)$$

相关参数与基本假设：

P：企业年金现值。

c：年金缴费比例，包括企业缴费和个人缴费。取2.5%、5%、7.5%三个档次。

s：职工工资。s_x 为职工 x 岁时的月薪，n 为退休年龄。

g：职工平均工资增长率，设定为5%。

r：投资收益率。2012—2042年间，设定为5%。2042年以后为3%。

i：银行利率。2012—2042年间，设定为3%。

2. 计算结果

表5－11　2012年建立企业年金的职工退休时替代率水平个案分析

性别身份	2012年年龄	工资水平	工资增长率	退休年龄	缴费比例（“单”代表单位，“员”代表员工）	（合计）	预期投资收益率	退休年份	年金账户积累额（元）	退休时的月工资	平均每月年金收入（元）	替代率
男职工	30岁	4000	5%	60岁	单：2.5%	2.5%	5%	2042	132213	17288	726	4.39%
					单：2.5% 员：2.5%	5%			264426	17288	1452	8.78%
					单：5% 员：2.5%	7.5%			396638	17288	2178	13.17%
女干部	25岁	3500	5%	55岁	单：2.5%	2.5%	5%	2042	115686	15127	546	3.68%
					单：2.5% 员：2.5%	5%			231372	15127	1092	7.37%
					单：2.5% 员：5%	7.5%			347059	15127	1637	11.05%
女工人	20岁	2500	5%	50岁	单：2.5%	2.5%	5%	2042	82633	10805	361	3.36%
					单：2.5% 员：2.5%	5%			165266	10805	722	6.72%
					单：2.5% 员：5%	7.5%			247899	10805	1083	10.08%

注：男职工60岁退休按月终生领取年限为23年；女干部55岁退休按月终生领取年限为30年，女工人50岁退休按月终生领取年限为35年。

从计算的结果来看，设定其他条件，在税收优惠激励下的缴费比例上升一个百分点，年金积累几乎以相同的比例上升。结合第 4 章分析的情况可以得出这样的结论：政府税收政策只要稍微给一点税收优惠，就可以撬动大量的企业年金建设。对 2.5% 部分的税收优惠就可以实现最低 3.36% 以上的替代率，这部分税收减免政府是可以承受的，税惠政策带来的养老金投资收益对养老基金是很好的补充。总之，考虑到我国目前居民的收入水平低，生活压力大，个税起征点低，居民储蓄率高，针对员工年金的税收优惠十分必要。虽然具体优惠额度可以探讨，但一定要对进入个人账户的部分给予部分免税优惠，才能调动员工参加年金计划的积极性。

第四节　年金个人账户与员工权利

在企业年金制度比较成熟的国家，企业年金计划都实行员工个人账户基金积累制，账户资产的数额与归属都很明确，这是它与以统筹为基础的现收现付制的主要区别，也是激励员工的一大优势。由于年金制度与员工个人的利益紧密联系，员工可以个人参与年金账户建设维护，借助于一些大型金融机构的运营平台，在这些机构独立进行投资运行的环境下，员工个人在查寻、监督、缴费、转移自己的年金账户方面都有很大的自主权和行动自由，这种优势是基本养老保险制度无法相比的。由于企业年金个人账户中的资产所有权明确，产权清晰，投资收益较高，员工对个人账户的掌握能力比较强，还可以有投资选择等方面的权力，这也是激发广大员工参与年金计划动力的一个重要方面。我国的企业年金制度要有效激励员工参与，也必须做到这一点。

一、年金个人账户权益归属问题

年金个人账户中的资产包括企业缴费、个人缴费和投资收益三部分，其中个人缴费部分始终完全归属个人所有，个人缴费用于投资的收益将按照比例划归个人所有。企业缴费及其投资收益的归属问题是年金账户制度设定的一个核心问题，解决好这个制度设计问题有利于我国广大员工积极参与年金计划积累。我国《企业年金基金管理办法》第五十二条规定：“账户管理人根据企业年金基金资产净值和净值增长率，及时足额记入企业年金基金企业账户和个人账户。”参加年金计划职工的个人账户余额，由账户管理人按照托管人报送的年金基金财产净值来计算每期的净值增长率，再根据每个职工的个人账户前期余额情况计算本期额度。

个人账户基金积累的具体计算公式为：

本期余额 = 前期余额 × （1 + n），其中 n 为基金财产净值增长率。

账户管理人必须把企业的年金账户和个人的年金账户相应的本期余额及时足额分别记入各自账户。及时是指账户管理人根据有关账户管理协议确定的记账日期（如按日、按周、按月等）毫不拖延地将余额记入企业账户和个人账户，不得迟延记入；足额是指账户管理人必须将根据上述公式计算确认的企业和个人账户余额全部分别记入个人账户，不得以任何理由少记或扣除。

上述规定并没有明确解决年金计划中企业缴费及其收益部分的归属问题，通过对一些文件的梳理我们发现，年金计划中的企业缴费部分如何归属员工的规定都是比较笼统的，一般的归属办法是在职工加入某个企业年金计划持续15到20年左右的时间后，年金的企业缴费部分归个人所有。或者当参加年金计划的职工依法退休、出现残疾或者死亡后，年金所有权才会转移给职工。上述条件之外，没有其他一些详细具体的规定说明企业职工可以在什么情况下能够分享到年金权益，获得年金计划中企业缴费部分的年金所有权。由于缺乏明确具体的规定，参加年金计划员工的疑虑无法根本解除。在本书的第4章中曾经从企业的角度，为增加人力资源管理的效率，提出企业可以选择阶梯式或悬崖式年金归属办法，设定企业缴费和投资收益归属员工的条件。但是从国家制度的层面来讲，应该有一个法律文件来保障这一制度的规范和实施，也给劳动者个人以相应的保障，毕竟企业设定的年金归属办法完全是从自身用工角度出发提出的，对员工利益的保护是不够的。

在年金制度成熟的国家，企业年金计划的缴费和归属比例问题规定得非常详细。例如，美国的 SIMPLE 401（k）计划[①]对雇主缴费有明确的强制性规定，必须按照一定比例缴费，并且雇主缴费后即刻属于员工所有，不能再附加任何条件和时间表。其他许多国家也明确规定随着工作年限的增加，员工获得的企业缴纳的养老金权益也在按一定的比例增加。我国的年金制度在这方面规定不详细。[②]作为税收优惠激励下的公共政策管理对象，本研究认为

① SIMPLE 401（k）计划：在传统401（k）计划基础上，专门规定保护中小企业员工参加企业年金计划的法规。

② 牛海，李洁明．论制约我国企业年金发展的主要障碍及对策［J］．江西财经大学学报，2010（5）．

需要明确规定年金中企业缴费部分的归属权益时间表和条件。比如大企业中企业缴费在成本中列支的部分按照一定比例即刻属于员工，因为企业既享受了税惠待遇，年金也是员工的延期工资。其余的企业缴费部分可用作建立激励机制和进行人力资源管理的有效手段。超出税惠规定的企业自行给员工缴纳的年金部分，可以由企业与员工协商确定权益归属时间表。由于中小企业人员变动工作频繁，企业生存期限也较短，员工担心自己转换工作而丧失对企业年金的所有权，从而对集合企业年金计划产生抵制情绪，这样会影响员工的生产积极性，集合企业年金计划也无法实现。为鼓励中小企业的员工参加集合年金计划，需要特殊保护政策，规定年金计划的企业缴费部分要在相对很短的期间内归员工所有，并需事先规定员工年金转移的处理方式。比如，可由企业统一给员工购买标准化的年金产品，归入员工个人账户下，这样不但保护中小企业员工参与年金计划的积极性，还有助于劳动力流动。只有这些核心制度完善后，才会形成企业年金计划发展的助推力。①

二、年金个人账户运营知情权

企业在内部达成共识，建立年金计划以后，计划的管理、供款、缴费等资金运行过程必须规范有序，因为只有标准化、规范化管理的企业年金计划才能实现激励员工的最终目标，如果年金运作十分不规范，没有安全保障，员工宁愿拿到现金收入，也不愿被别人控制养老金。所以，企业年金计划的供款缴费、账户管理、投资运营、信息查询、年金支取环节的运作要十分规范，过程始终公开透明，保证员工的知情权、监督权，给员工吃颗定心丸，以最终实现激励员工积极参保、放心缴费的目的。在这方面，我国可以借鉴智利的做法，建立年金个人账户从建立到支付全过程的信息平台，保证员工个人对账户资产的知情权。

三、年金个人账户投资选择权

我国的企业年金可以运用专业投资机构的服务，为年金个人账户提供更多的投资选择权。这样既可以激发员工加入年金计划的积极性，又可培养责任意识和风险意识。特别是一些中小企业年金客户，如果在员工缴费后相关运营机构能给员工提供更多的投资组合，给个人账户投资提供更多的投资选

① 杨怡．中国企业年金投资运作模式研究［D］．上海：复旦大学，2010.

择权，广大员工根据自己的年龄阶段和风险偏好，进行投资组合选择，这将是非常有吸引力的举措，会产生较强的年金产品参与意愿。

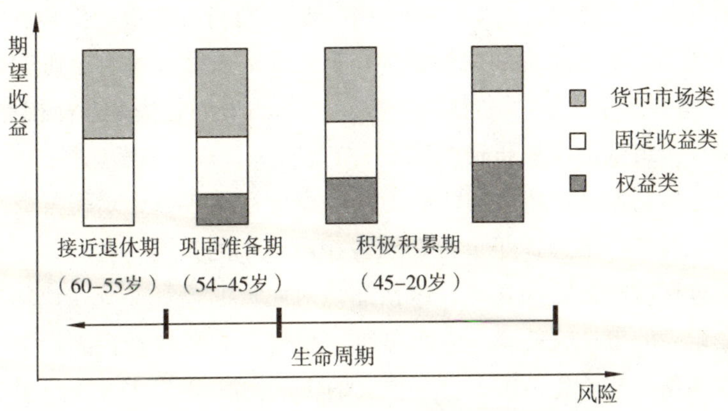

图 5-4　不同年龄职工年金投资组合选择自主权

给予雇员投资选择权运行比较好的例子是美国的 401（k）计划。在 401（k）计划中，雇员有权选择本人 401（k）账户积累资产的投资工具与方式，当然，投资风险也由雇员本人承担。雇员可以按照自己的偏好，选择能够实现自己预期目标的投资工具和方式。既可投资保本性低收益的金融产品，以保证年金个人资产的安全性，也可以投资风险较高的权益类产品，比如股票等以获得较高的投资收益。根据美国雇员福利研究所（EBRI）的研究报告显示，401（k）计划中超过 90% 的雇主都为他们的员工提供了多种多样的投资组合，以便雇员对养老金个人账户资金进行选择投资。其中，单个计划的规模越大，能够提供的投资选择机会就越多。大型雇主计划可以提供的投资组合经常达到 10 多种，有利于多样化需求的众多雇员选择适合自己的投资组合。

表 5-12　美国 401（k）养老金计划的投资组合情况

	股票基金	债券基金	平衡基金	货币基金	公司股票	GICs 或其他稳定价值基金
A	58.7%	17.7%	12.4%	8.3%	—	—
B	51.7%	7.1%	12.1%	4.2%	—	23.3%
C	41.7%	14.5%	6.6%	6.9%	28.7%	—
D	36.0%	4.7%	8.4%	2.2%	25.3%	21.3%

资料来源：转引自杨怡，中国企业年金投资运作模式研究［D］，上海：复旦大学，2010.

从 1978 年开始，401（k）计划给予年金计划参与人更多的选择权。起初，只有 16% 的员工对自己的缴费积累有投资选择权，10% 的雇员对雇主的缴费积累有投资选择权，发展到 1994 年，雇员对自己的缴费积累有投资选择权的增加到 94%，雇员对雇主的缴费积累有投资选择权的增加到 74%，提供 5 个以上投资组合的占到了总数的 58%。当前的发展趋势是选择权更加自由，甚至许多投资组合都像买开放式基金一样允许每日进行重新选择。①

在风险控制方面，雇主和政府为降低雇员运用年金计划积累资产进行投资的风险，引导员工选择年金投资风险相对较小的共同基金。另外，还采取多种办法进行风险预防和管理，包括加强对雇员的投资安全知识培训、监测各类投资组合的市场收益率、向雇员定期报告个人账户资产的投资效益情况等，有效地预防和避免了重大投资损失的出现。2002 年 7 月，美国颁布实施的《退休金保障法案》，增加了雇员的一些权利，特别规定了 401（k）计划的雇员应该获得专业的理财咨询服务，以开展自己年金账户的投资理财工作，相关的费用则由雇主支付。专业理财服务的支持，弥补了普通雇员缺乏投资知识的不足，有效保障了雇员年金资产在参与增值投资时的安全性。

在政策的引导和专业理财人士的帮助下，401（k）计划的投资运营工作日益专业化，并且具有更强的针对性，计划的投资在个人可以选择保守或风险类投资的同时，不同年龄段的人资产配置结构不一样。每名雇员可以根据自己的年龄特征、风险偏好等选择自己认为高收益、高质量的投资组合。通常情况下，青年员工比较看重个人账户资产能否取得较高的收益，而老年员工则比较看重个人账户资产的安全性。

表 5 - 13　雇员年龄分布与 401（k）计划资产配置比例

年龄	股权	雇主股权	债券/货币基金	担保投资契约
20	77	22	14	8
30	76	26	14	9
40	72	29	14	12
50	67	29	15	16
60	53	28	18	26

资料来源：美国雇员福利研究所（EBRI）网站。

① Taylor, Stephen, Eamshaw etal. The provision of occupational pensions in the 1990s: An exploration of employer objeetives [J]. Employee Relations, 1995, Vol. 17, 155. 2: pp. 38 - 53.

这里回顾401（k）计划投资针对性的特点以及良好的收益情况，是因为投资收益对年金计划来说太重要了。可以说投资收益是基金制年金计划存在和发展的基础，也是年金计划吸引广大员工最重要的因素之一。通过下面的数据可以看出年金投资收益在整个基金积累期间的重要作用。

表 5－14　投资收益率对 2012 年建立企业年金的职工退休时年金替代率的影响分析

性别身份	2012年年龄（岁）	工资水平	工资增长率	缴费时间	缴费比例	收益率	退休年份	年金账户积累额（元）	退休时的月工资	平均每月年金收入（元）	替代率
男职工	30	4000	5%	30 年	2.5%	4%	2042	132213	17288	726	4.2%
						6%		176081	17288	1155	6.68%
						10%		331876	17288	2956	17.10%
					5%	4%		264426	17288	1452	8.4%
						6%		352161	17288	2311	13.37%
						10%		663753	17288	5911	34.19%
					7.5%	4%		396638	17288	2178	12.60%
						6%		528242	17288	3466	20.05%
						10%		995629	17288	8867	51.29%

注：男职工 60 岁退休按月终身领取年限为 23 年

由上可以看出，年金的投资收入可以让员工更好地分享经济发展的成果，还有，投资收益率每增加一个百分点，替代率增加 1.04 个百分点，替代弹性大于 1，投资收益的敏感性强。比照我国社保基金近年来取得接近 10% 的投资收益率，把个人账户的投资收益率设定为 10% 时，可以看到年金的增长幅度巨大，替代率水平也大幅提升。所以，投资与收益完全统一于个人账户，是非常好的一种制度安排，为广大员工建立年金个人账户提供了强有力的激励。如果再附加一些其他功能，比如受托人管理的年金账户资金积累到一定程度时，在个人生活遇到重大困难时，还可以向计划申请贷款，提前支取部分资金，这些都是个人账户的巨大优势，应该适时开发出来为养老体系建设服务。

四、年金个人账户支取方式多样化

我国企业年金在待遇支付方式上尚无统一具体的法律法规规定，目前一般是在企业内部年金计划方案中约定，比较常用的办法是：参加年金计划的员工要领取养老金时，必须是在退休后一次性领取，或者分期领取，或者购买生存年金等方式；遇到计划员工出国、去世等情况领取年金养老金时，则采取一次性全额支付的方式。在这方面，本研究认为可以在借鉴国外已有做法的基础上，积累经验，探索适合我国国情的企业年金领取方案，以保证年金个人账户资产能灵活、高效地服务于个人养老需要。

智利为从根本上改善参保人在待遇支付方式选择上的无秩序、盲目和非理性行为，促进养老金产品销售机构的有序竞争，从 2004 年 8 月开始建立养老金出价与报价系统（the Pension offers and quotation System，西班牙语首字母缩写 SCOMP，以下简称 SCOMP 系统），为参保人在待遇支付方式选择上提供一个覆盖全国、综合、透明、便捷的电子选择平台。该系统的数据信息连接着养老金管理公司、养老金产品销售公司和中介服务机构，所有准备退休并提取个人账户养老金的人员必须通过它进行待遇支付方式的选择流程。具体程序是参保者通过养老金管理公司，输入个人信息后获得一个唯一的识别码，识别码随即被发送到 SCOMP 系统上。参保者在 SCOMP 系统上选择养老金领取机构，养老金管理公司负责反馈第一种待遇支付方式，即计划领取（PW）的对比报价水平，保险公司和中介机构负责另外三种待遇支付方式（主要是终生年金等养老金产品）的对比报价水平，三个机构收取不同的佣金，参保人也会获取差异化的服务。服务机构会通过个人的识别代码分析参保人的具体情况，通过 SCOMP 系统为参保人出具一份详细的、包括适合参保人的待遇支付方式候选名单、对应产品具体报价的个性化方案，供参保人选择适合自己的待遇支付模式。SCOMP 系统的广泛使用大大改善了待遇支付阶段信息不对称问题，让参保人在获得充分信息和一定协助的前提下进行待遇支付方式的选择，整个待遇支付市场透明、有序、规范、充分竞争，虽然还有待规范的方面，但总体运行良好。

国外的做法为我国进行养老金管理制度创新提供了借鉴，更多制度建设与创新的内容将在第七章中讨论，这里只就个人领取养老金阶段的制度安排提出一些探讨性建议。首先，国家立法规定并充分引导，参保人进行待遇支付方式选择必须在获取充分信息或一定协助的前提下进行；第二，由政府或监管机构主导，建立全国性的公开、透明的待遇支付方式信息平台，确保信息平台数据的准确性与保密性，所有参保人在进行待遇支付方式选择时强制参加；第三，由政府或监管部门主导，市场上销售各种养老金产品的机构必须全部参加信息平台运作，提供客观、专业的信息反馈，在政府指导报价上限的约束下自由竞争；最后，鉴于养老金产品的多样性和复杂性，市场上销售养老金产品的机构在提供信息反馈时，要注意参保人的接受程度，协助参保人做出最适合自己的待遇支付方式选择。

第五节　结　语

任何一个制度安排，当投资和收益的主体归结为同一主体时，该制度安排是最有经济效益的。以年金进入个人账户提供优惠为契机，调动广大员工建立和参与企业年金计划的热情，会产生巨大的社会经济效应，形成企业、员工发展年金计划的动力，有效分担第一支柱的养老压力。对于推进中国当前进行的民生建设，完善社会保障制度，推动收入分配制度的改革，具有重大的现实意义。

从当前国际国内的多种情况分析，一个国家的养老保险责任要摆脱不断膨胀困境，需要进行全方位的改革。改革的基本思路应该是降低国家责任的强度，适度利用市场机制，积极引入社会资本的参与，建立个人责任分担制度，把年金基金与金融市场进行有机结合实现保值增值，这将会有效地改变传统养老保障制度的弊端，合理地降低个人养老过于依靠政府的预期，提高整个养老保险体系的效率。显然，在养老保险制度的改革过程中，适当地让个人分担部分养老责任，以提高养老体系的效率逐渐成为全球发展的大趋势。我国的养老保险制度改革也应该顺应这种趋势。发展企业年金计划，建立属于员工个人的专属账户并参与缴费，保留员工对年金个人账户的部分支配权，鼓励年金计划基金进入资本市场保值增值，体现了个人对于养老责任的承担，对于完善我国多层次的养老保险体系具有十分积极的作用。

第六章　企业年金发展的市场动力

本章讨论的市场动力包括两个方面的含义，一是上游“来水”，即政府免减税、企业和个人源源不断地加入到年金计划中来，让更多的资金进入年金市场。二是积累起来的年金基金要有增值的空间和渠道，也就是利用资本市场保值增值。本章假定“阶梯 TEE 税制”实行后，在第一个条件具备或者基本具备的条件下，重点关注第二个方面的问题，讨论如何挖掘资本市场动力，选择什么样的投资策略，让年金基金在市场化投资运作中，以较高的保值增值收益、良好的市场管理和服务赢得声誉，回馈给年金计划的参与者，来促进更多的企业和员工加入年金业务，以推动年金市场进入良性循环的发展道路。

第一节　“阶梯 TEE”税惠制度下的年金市场

假设我国实行“阶梯 TEE”税惠政策，企业缴费占工资 5% 部分列入成本，个人缴费 2.5% 部分免税，企业缴费的 5% 和个人缴费的另外 2.5%（总共 7.5%）部分进入个人账户时单独按优惠税率计税，我国企业年金市场每年约有 1000 亿元的净增额。

根据第 3 章表 3－8 的数据，以 2002 年的工资为基数，计算了到 2008 年连续 6 年的城镇集体单位和其他单位工资总额和年均增长率。可以看出，非国有单位连续 6 年工资总额的平均年增长额为 1757.4 亿元。在增长率方面，城镇集体单位为 5.5%，其他非国有单位为 26%。集体经济职工工资总额 6 年内平均每年增加 53.3 亿元。其他非国有经济单位职工工资总额年均增加 1704.1 亿元。

由于实行更加优惠的税收政策，也就是在现有的企业缴费 5% 部分进入成本列支后，再给进入个人账户的 2.5% 的部分税收优惠，刺激了企业和职工的双重积极性，开始大规模地在非国有经济单位广泛建立年金计划。我们假设，由于企业优惠的上限是5%，我们把工资增长的5%左右都转化为年金，以2008年的职工工资总额为基数，2008年城镇集体和其他非国有单位职工工资总额为14756.9亿元，如果所有企业均以5%的比例给员工缴纳年金，等于738.85亿元，如果再加上个人缴纳工资的2.5%，等于368.92亿元，合计1107.77亿元。几乎相当于现在投入运营年金数额的一半，如果每年增加千亿元的年金市场存量，将是十分可观的。比照2005－2009年的4年间，平均每年增加461亿元年金数量，税惠政策的微小调整会带动企业年金规模大量扩张。

第二节　年金基金增值与资本市场

一、年金基金投资规范

2011年5月1日，新的《企业年金基金管理办法》开始实施。该《办法》放宽了企业年金基金在投资组合以及工具上的一些限制，为年金基金投资收益的提高提供了更多的选择，具体表现在三个方面：第一，把年金基金选择固定收益类工具进行投资的比例进行了调整，由原来的最高为50%的份额提高到最高为95%的水平；第二，把年金基金投资于流动性工具的比例限制由过去的最少为20%的底限，进一步调低为不低于5%的基金份额水平；第三，新《办法》总体上维持了年金基金对权益类工具30%的投资上限，但关于股票投资的比例由过去的20%上升到30%的水平。总体来看，比之前的《企业年金基金管理试行办法》规定要宽松很多，这是我国企业年金市场发展的一个契机。

表6－1　2004年《企业年金基金管理试行办法》有关投资工具选择的限制性规定

	资产种类	具体的投资工具	数量限制
1	流动性投资工具	银行活期存款、中央银行票据、短期债券回购、货币市场基金	≥20%
2	固定性收益类产品及债券基金	银行定期存款、协议存款、国债、金融债、企业债、可转换债和债券基金等；	≤50% （国债≥20%）
3	权益类产品	股票、股票基金、投资性保险产品等	≤30% （股票≤20%）

表6-2 2011年《企业年金基金管理办法》关于年金基金投资方面的规定

	资产种类	具体的投资工具	数量限制
1	流动性投资工具	银行活期存款、中央银行票据、短期债券回购、货币市场基金	≥5%
2	固定性收益类产品及债券基金	银行定期存款、协议存款、国债、金融债、企业债、可转换债和债券基金等	≤95%
3	权益类产品	股票、股票基金、投资性保险产品等	≤30%（其中股票≤30%）

新《办法》给市场注入了一定的活力。虽然30%的股票投资上限与经合组织国家40%的加权平均数相比还有差距，但考虑到我国股市的实际情况，这一比例还是符合中国国情的。

二、新《办法》对投资收益的影响分析

新修订的《企业年金基金管理办法》已于2011年5月1日起施行，新《办法》对企业年金基金投资权益类资产的上限有所放宽，有助于提升年金基金投资收益的空间，对年金基金业的发展是有积极促进作用的。本节将专门对此进行分析。

（一）对权益类产品投资限制的调整为增值提供新空间

在投资比例限制上，新的《企业年金基金管理办法》第四十八条提高了固定收益类产品的投资比例，由原来不高于50%调整为不高于95%，取消了国债20%最低投资比例的限制；降低了流动性资产的投资比例限制，由旧《办法》规定的不低于20%改为不低于5%，投资股票等权益类产品及股票基金、混合基金和投资连结保险产品的比例仍维持原有比例，但取消了对股票20%的投资比例限制，只要投资股票比例不高于30%即可。这一调整不仅能满足企业年金待遇支付的要求，还可以更好地满足企业对稳定收益的要求。《企业年金基金管理办法》增加了新的投资产品，规定年金基金可以投资养老金产品，允许具备资质的年金基金投资管理人推出相关的养老金产品，其他的年金基金投资管理人可以在规定的限额内适当购买该产品，这种制度设计的目的是集中资金提高投资效率。对于规模比较小的集合年金计划而言，可以通过这种投资，有效地解决许多针对小规模资金准入限制的投资工具，通过投资年金基金投资管理人发行的养老金产品，集中多个年金基金，扩大资

金规模，拓宽年金基金的投资渠道，获得小规模资金不能参与的投资机会，发挥规模资金的效益，提高收益率水平，增加基金的积累。

（二）对固定收益类产品投资策略的调整让投资选择更加灵活

债券类资产配置的策略运用将更加灵活。旧《办法》规定的固定收益类资产的大类配置上限为50%，加之20%的国债低配限制，固定收益类整体的配置比例在20% -50%区间滑动，货币类资产的配置比例则在30% -50%之间滑动，由于货币类资产的整体均衡配置比例较高，这在一定程度上影响了固定收益资产长期配置收益的贡献。新《办法》将固定收益类资产配置比例上限提高到95%后，有利于投资管理机构债券主动管理策略的运用，加大固定收益类资产的配置比例，长期来看，有利于提升债券类资产长期配置收益贡献。由于新《办法》将国债配置比例不低于20%的限制取消，因此投资管理机构在主动策略运用上，可以降低对低票息的国债品种的配置，适当提高信用产品的投资比例。可将企业债/信用债等信用品种的配置比例提升到较高的水平。

一般来讲，在投资方针信用评级限制的前提下，年金投资管理机构均会将信用评级为“投资级”（A）的信用产品纳入债券投资组合的管理。相对而言，重点投资于信用评级AAA或AA^+或AA^-以上的信用债券。显然，新《办法》使得固定收益投资在年金投资中的重要性得到加强，为企业年金固定收益类资产投资领域的扩展提供了法律基础，年金基金资产保值增值的空间将更为广阔。

三、年金基金投资收益情况

在说明我国企业年金投资收益状况时，我们以2004年为时间节点，分两个阶段进行说明。从1991年到2004年，年金基金的投资收益率一直处于下降趋势。到2004年末，我国企业年金基金总规模达到1000亿元左右，其中的80%以定期的方式存入银行或者购买了少量的国债。年金基金投资的年化收益率只有3%左右，相比发达国家的情况，这是一个比较低的收益率。① 具体的数据可以上海市的情况为参照进行说明。上海市是我国较早建立和运营企业年金基金的地方。根据相关媒体对上海市企业年金发展中心报道的数据可以看出，从1991年到2004年，年金基金投资收益率下降的趋势比较明显。

① 滕健．中外企业年金投资工具比较与分析［J］．特区经济（12）．

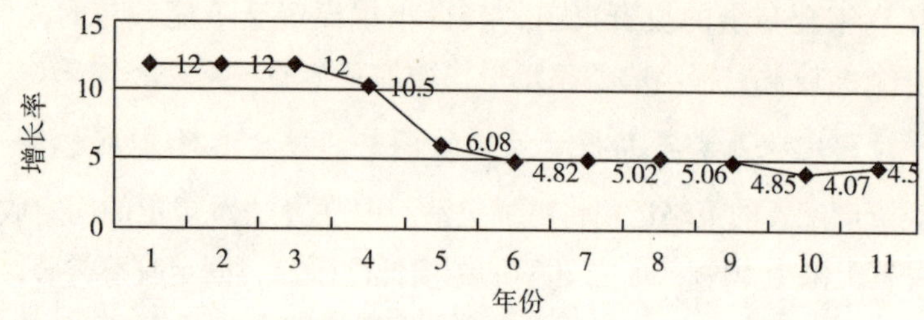

图6－1　1994－2004年上海企业年金投资收益率情况（%）

数据来源：翁海华，李进．企业年金运作遭遇双轨，深圳待命上海潜行．21世纪经济报道，2005－3－30.

2004年5月1日之后，《企业年金试行办法》《企业年金基金管理试行办法》开始实行，有关专业机构按照两个《办法》关于企业年金基金财产投资范围的规定，根据当前我国年金基金市场整体状况，对流动性资产、固定收益类资产、股票权益类资产进行了一定比例的加权组合，编制成我国年金指数系列共计18个年金指数，并以上海证券市场和深圳证券市场为基础，分为A族9个指数和B族9个指数。本文选取其中以A股市场为基础的4个指数说明其在不同投资资产组合下近7年的收益情况。

表6－3　年金基金不同投资组合下收益率情况比较　　单位:%

年金指数	固定收益、股票权益、流动资产配置比	2005	2006	2007	2008	2009	2010	2011	算术平均	标准差
A1	20，00，80	1.78	2.27	2.96	3.19	1.68	2.14	4.07	2.58	0.80
A2	35，15，50	0.93	16.54	23.53	－20.30	13.83	－1.54	－1.14	4.55	13.58
A3	50，30，20	0.03	32.07	40.81	－34.73	26.23	－4.43	－5.52	7.78	24.54
A4	60，40，00	－0.61	43.08	50.87	－41.61	33.31	－6.03	－8.07	10.13	30.86

资料来源：中国企业年金网历年年金指数，A1至A4年金指数选择上海证券市场的股票和债券，作者整理。

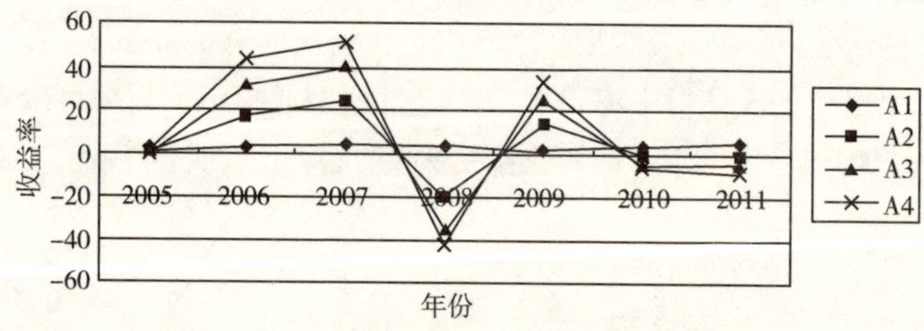

图6－2　不同投资组合的年金收益率比较

从上表可以看出，即使在遭遇全球金融危机的大环境下，偏股票型投资组合依然取得比稳健类组合更高的收益率，当然，面临的风险也更大一些，特别是在经济危机时期。

从上面企业年金指数的不同收益率情况还可以看出，企业年金基金投资中有一定比例的股票投资组合，收益明显要高于只投资于固定收益类产品和流动性资产的投资组合。这说明2004年《企业年金基金管理试行办法》出台后，拓宽了年金基金的投资渠道，为年金基金提高收益率提供了可能。由于年金基金的具体投资运营权分散到各投资运营机构，很难统计出一个总体的年金基金投资收益率进行纵向的比较，不过投资上证A股的年金组合形成的指数能够说明，长期看，投资股市是保证年金基金较高收益率的重要条件之一。这一点在国外年金基金的投资发展历程中已经得到验证。

四、年金基金投资工具国际比较

（一）横向比较——OECD各国概况

OECD国家的实践说明投资股票是企业年金增值的重要渠道。OECD国家加权平均的投资比例中，股票份额占到近40%，是相当大胆的，也充分说明了市场的作用。其中，几个资本市场比较完善，养老金体系效率较高的国家，投资于股市的比例更高。

OECD国家人口老龄化问题比较突出，各国政府开始从日益加重的公共养老金支付负担中抽身的意图十分明显。各国通过推出优惠的税收政策，激励私人养老金计划的建立和发展，以缓解公共养老金开支快速上升的巨大压力。同时为基金制养老金计划的增值创造条件，不断完善资本市场的投资环境，帮助解决基金制养老金计划长期增值的需求。下表列出了OECD国家企业年金的投资组合比较。纵观全表，债券和股票已经成为企业年金基金最主要的投资工具，各国两者的加权平均值达到74%，单投资于股票的比重就接近40%。排在第二位的是包括国外资产、贷款等的其他类型资产，对大多数国家而言，银行存款等流动性资产所占的投资比例最少。

当然，从表中信息我们还可以看出，国家的体制不同，发展阶段不同，资本市场的发育程度不同，年金基金的投资组合就会有差异。资本市场比较发达、法律规范更加健全、资本市场更加自由的国家，会把更多的年金基金投向股票市场。相较而言，资本市场不太成熟、规范化程度不高、市场自由度低的国家，年金基金多投向银行存款和国债。从表中还可发现，不管各国在股票方面的投资比例差异程度如何，政府债券在各国养老基金的投资中广泛受到青睐。

表6－4 部分2009年OECD国家企业年金中投资于股市的比例 单位：%

部分OECD成员国	现金与存款	债券	股票	其他
澳大利亚	16.0	12.8	54.4	16.8
智利	0.5	47.5	46.3	5.7
美国	2.2	31.4	45.4	20.9
芬兰	3.5	37.5	40.6	18.4
英国	3.6	30.6	39.7	26.1
加权平均	3.9	34.7	39.3	22.0
加拿大	3.9	35.2	33.9	27.0
比利时	8.5	42.3	32.8	16.4
荷兰	3.6	46.5	32.2	17.6
挪威	3.9	58.9	30.9	6.4
波兰	2.3	66.5	30.2	0.9
奥地利	9.8	54.9	26.8	8.5
土耳其	27.8	30.8	26.5	14.8
瑞典	4.0	62.4	24.3	9.2
葡萄牙	5.8	56.2	22.2	15.7
冰岛	8.8	50.7	21.8	18.8
算术平均值	11.4	50.5	21.7	16.4
瑞士	8.7	40.8	21.5	28.9
匈牙利	11.6	64.5	17.7	6.2
丹麦	0.6	72.3	16.2	10.9
墨西哥	1.0	80.6	14.9	3.5
卢森堡	42.6	29.4	14.6	13.4
日本	6.4	47.7	13.7	32.2
西班牙	18.5	59.2	12.1	10.2
意大利	6.4	49.0	11.1	33.5
斯洛文尼亚	20.7	65.3	8.8	5.2

（续表）

希腊	32. 1	55. 6	7. 9	4. 5
以色列	6. 7	77. 3	7. 8	8. 2
德国	3. 3	40. 8	6. 1	49. 9
爱沙尼亚	15. 3	34. 1	3. 8	46. 7
斯洛伐克	25. 0	67. 5	3. 2	4. 3
韩国	40. 2	33. 8	2. 7	23. 2
捷克	10. 7	82. 4	2. 3	4. 6

资料来源：OECD 官网。

再看投资收益，OECD 国家的企业年金投资在金融危机中损失较大，但是根据 OECD 官方对过去 25 年股票和债券的数据，模拟了退休收入实际投资报酬水平。图 6－3 的横轴显示了投资份额的范围：从左边全部是债券到右边全部是股票。白线表示平均报酬，一半时间的报酬在此水平以上，一半时间的报酬在此水平之下。对一个“均衡”的投资份额——即股票和债券各占一半，平均报酬高出通货膨胀 7. 3%。股票部分的收益较高（8. 9%），债券投资的收益稍低（5. 2%）。图中扇形的阴影部分是根据过去的经验表示不同结果的可能性。

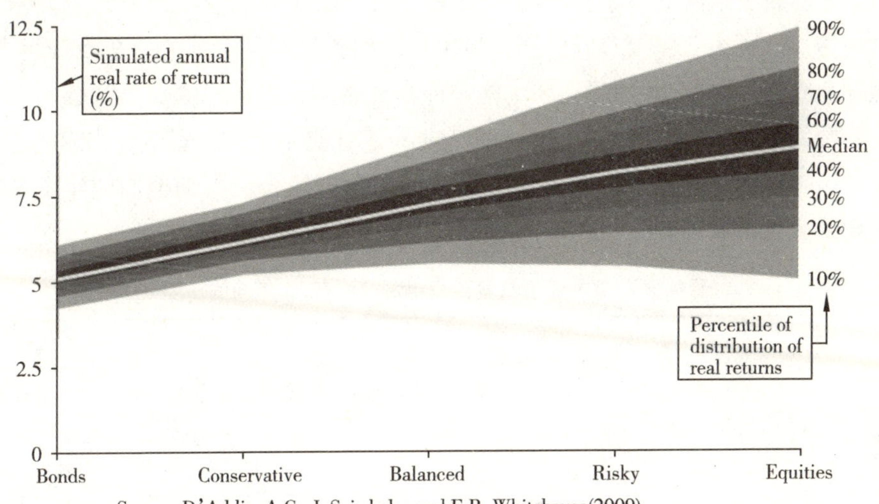

图 6－3 OECD 国家养老金投资与风险模拟

（二）纵向比较——智利养老金投资政策20年的变化回顾

智利在养老金领域的改革和探索值得很多后发国家学习和借鉴。1981年，在智利的养老金改革开始阶段，政府监管部门对养老金公司的投资工具实行投资数量限额政策，规定养老金只允许投资于固定收益类工具。随着改革的深入，智利政府慢慢认识到，对养老基金投资工具实行严格数量限额的政策，并不能保证基金的安全性，原因是投资工具的单一化阻碍了投资收益率的提升。如果把投资资产过度集中于某一领域，反而加大了资产的保值增值风险。于是开始尝试变革，1985年政府开始允许股票投资，1990年开始允许投资国外证券市场。

放开股票投资后，智利的养老金投资政策也在根据需要一直在调整，特别是在投资组合的多样化方面不断放宽限制。在1999年之前实行的单一基金管理制度，就是所有的养老基金公司所能提供的投资组合数很少，只有一种给投资者选择。这对不同特点、不同偏好的投资者而言是远远不够的。因为一种投资组合无法适应投资者多样化的风险偏好，过于求稳的投资组合将无法满足青年人较高风险、较高收益的风险偏好。而对于年龄偏大的年金计划参与者而言，由于接近退休，要做好退休后领取养老金的准备工作，所以年金基金的投资选择趋向于保守，投资工具的选取以低风险为主要目标，防止年金基金的积累值出现比较大的波动。为适应不同偏好、不同年龄段养老金缴费者对投资风险的要求，1999年之后，智利政府开始放松控制，允许基金公司增加投资组合供投资者选择，当年就开始提供两种不同的基金投资组合。直到2002年8月，开始建立和实施多种基金制度，把每一家养老金公司的养老基金划分为A、B、C、D、E共5大类，这5类基金的投资组合构成是不一样的，可以为不同偏好的人提供各自所需的投资组合，帮助他们的年金积累实现最大化的收益。①

表6-5　智利养老基金投资组合政策在25年间的演变

	1981	1985	1990	1995	2002	2004				
						基金A	基金B	基金C	基金D	基金E
政府债券	100	50	45	50	50	40	40	50	70	80
金融机构证券	50	40	50	50	50	40	40	50	70	80

① 房连泉．智利社保基金投资与管理［D］．北京：中国社会科学院，2010.

（续表）

	1981	1985	1990	1995	2002	2004				
						基金 A	基金 B	基金 C	基金 D	基金 E
抵押证券	80	80	80	50	50	40	40	50	60	70
公司债券	60	40	50	45	45	30	30	40	50	60
股票		30	30	37	40	60	50	30	15	
投资基金			10	10	25	40	30	20	10	
共同基金					5	5	5	5	5	
一年期商业票据			10	10	10	10	10	10	20	30
国外固定收益类工具				9	16	五个基金合计30%				
国外股票				4.5	10					
风险投资				9	20					
资产类或交易类工具						15	10	5	5	5
国外投资基金						1		1	1	
商业票据（>1 年期）						5	5	5	5	5

资料来源：转引自房连泉．智利社保基金投资与管理［D］，北京：中国社会科学院，2006.

注：百分数为最高投资限额，并非实际比例。

在上面列出的 5 个养老基金的构成中，根据投资工具的不同选择，形成了收益水平与风险程度相对应 5 种投资组合。它们的关键性区别在于组合中投资股票的资金额度有很大差别。按照政府的规定，不同风险的基金组合中，投资风险较高的股票的数量是有最高值限额的。例如这 5 个基金的风险排序是从 A 到 E 逐渐下降的，相应地在投资股票的具体份额方面，A 项基金中投资股票的数量可以达到该基金份额的 40% －80% 之间，B 项基金中可以达到 25% －60% 的水平，C 项基金中可以控制在 15% －40% 之间，D 项基金中可以达到 5% －20% 的水平。风险水平最低的 E 项基金是不允许进行股票投资的。关于能否进行境外资本市场进行投资的问题，智利政府只是对每一家养老金公司的境外投资总额规定了比例限制，但并没有具体到每一支基金投资境外的十分详细的限额，这样规定是为了给投资管理人更加灵活的投资选择权。

智利的多基金制度为雇员提供了多种不同的投资组合，丰富了员工的投资渠道，使投资组合更加个性化。由于5个基金的组成各不相同，雇员就能够根据自己的年龄特征、风险偏好、投资预期目标等条件选择适合自己的投资基金。智利政府对雇员选择的非理性问题，也做了适当的引导和限制。规定年龄偏大的雇员选择投资基金时，不能投向风险很高的股票型基金，只能在股票份额较低或者为零的C、D、E三种基金中进行选择投资。另外，还有些非常具体的规定，比如男雇员在年龄超过55岁、女雇员年龄超过50岁之后，为了防止这些快要退休的老年人的养老金账户遭受高风险的投资损失，他们的个人账户资金就不能再投资股票份额高、风险大的A类基金。多样的投资组合和人性化的规定，促进了养老基金的快速发展。截止到2004年末，各支基金都取得了良好的投资收益，其中C类基金在全部基金中积累的资产最多，所占的比重最高，达到了总资产的53%，之后分别是B、D、A、E类基金，分别占到总基金额度的21%、14%、9%和3%。在基金类别的选择上，年轻人多选择风险比较高的A类基金，这说明，雇员的年龄与基金的风险高低之间是负相关关系。各基金组合的投资收益表现如下表：①

表6-6　2002-2004年间5类不同组合的基金投资收益率情况表

基金类型	2004年投资收益率	2002-2004年间平均收益率
A	12.86%	17.85%
B	10.26%	11.47%
C	8.86%	8.30%
D	6.80%	6.62%
E	5.44%	3.39%

资料来源：转引自房连泉：智利社保基金投资与管理［D］．北京：中国社会科学院，2006.

智利是全球养老金改革较早的国家，在发展中国家中创造出别具特色的养老金私有化、社会化运作模式。其养老金基金走向市场化运作的历程也可

① 杨怡．中国企业年金投资运作模式研究［D］．上海：复旦大学，2010.

以为包括中国在内的许多后发国家借鉴。金融市场是有风险的，发展中国家的金融市场风险更大。但是传统上把养老金投资集中在单一的、低收益的投资工具下，对保值增值要求高的养老基金来说也是一种较大风险。智利政府通过逐渐放松管制，根据每个员工的需要和偏好程度，提供不同组合的投资选择，追求年金基金运营个人利益最大化的做法值得中国学习借鉴。

通过横向比照 OECD 国家的情况，追溯智利养老金投资政策的变化，再比照我国企业年金投资发展模式，在这样的宏观背景下探讨我国企业年金的投资模式就有极强的现实意义。虽然不同的国家企业年金投资政策略有不同，但一个大的趋势和方向是，年金基金要积极投资于证券市场，加大多元化投资，才能实现保值增值的目标。当然，具体的投资效果因各国的市场情况而各异。对我国而言，要让我国的企业年金计划生存和发展下去，年金基金的投资收益是必需的，年金基金要求长期投资、获得相对稳定收益的特点，有利于促进我国资本市场制度建设，推进市场规范化发展。因此，从国内外的情况看，不管一国政府选择的年金计划缴费方式、资产管理、年金运行监管方式等方面的制度如何设计，年金计划要发展下去的根本支柱在于年金基金的投资必须取得较高的收益率，唯如此，才能以年金基金的投资收益替代部分年金缴费，进而间接地减少年金缴费，发挥基金制企业年金计划的资金积累优势，为年金计划的可持续发展创造良好的条件。

第三节　年金基金投资收益率分析

从上文分析中得知，年金基金投资股票的收益水平要高于固定收益类产品，据此，我国《企业年金基金管理办法》中，关于年金基金投资股票的上限为30%的规定受到很多质疑。对于这些质疑，本文认为年金基金的投资在注重收益性的同时，更重要的是尽可能地遵守分散风险、谨慎投资的原则，全面评估年金基金投资面临的安全性、收益性和流动性风险，这决定了我国现阶段企业年金资产投资股票的比例不能过高，应该寻找兼顾收益风险的平衡点。

那么，新《办法》的规定究竟能否适应我国企业年金基金增值保值的需要呢？我国企业年金增值难、收益率下降的问题能否得到有效的解决呢？下面我们将通过数值模拟的方法进行探讨。

一、我国年金基金投资组合模拟

利用标准马科维茨均值一方差模型分析,[1] 按照我国《企业年金基金管理办法》中关于投资组合的要求，可以按照限定的投资份额进行多种收益率的实证分析。标准的均值一方差分析的假设条件有：

证券市场是有效的；

投资者在投资决策中只关注投资期望收益率和方差，这是两个最重要的参数，能够最直观具体地体现年金基金的投资收益情况，以及估计年金基金所面临的风险程度；

年金基金的投资目标：风险相同的条件下追求期望收益最大化，或者期望收益确定的条件下追求风险最小化；

各种证券的收益率之间有一定的相关性，用相关系数或者收益率之间的协方差来表示；

投资者的资产是完全流动的；

每种资产的收益率都服从正态分布；

每种资产都是无限可分的；

税收和交易成本都忽略不计。

根据假设，标准的马科维茨均值一方差资产组合问题可以表示为以下的数学模型：

$$\min\sigma_p^2 = X'\Omega X = \sum X_i^2\sigma_i^2 + \sum_{i=1}^{n}\sum_{\substack{j=1\\ j\neq i}}^{n} X_iX_j\sigma_{ij} \qquad (1)$$

$$\text{Subject} \quad X'1=1 \quad R_p = X'\overline{R} = \mu$$

其中 r^p 表示投资组合的期望收益率，σ_p^2 表示投资组合收益率的方差，$X = (X_1, X_2, \cdots X_n)$ 代表对 n 种不同风险水平资产投资的比例系数向量，$\Omega = (\sigma_{ij})_{n\times n}$ 代表由 n 种风险资产投资收益率组成的协方差矩阵，$\sigma_{ij} = \mathrm{cov}(R_i, R_j)$ $i, j=1, 2\cdots n$ 表示两种风险资产的协方差，$\overline{R}$ $(ER_1, \cdots ER_n)$ 表示 n 种风险资产的期望收益率向量，$1 = (1, \cdots, 1)$ 表示元素全为 1 的 n 维向量。

我国企业年金投资比例约束：根据 2011 年 5 月实施的《企业年金基金管

[1] 小詹姆斯·L. 法雷尔、沃尔特·J. 雷哈特著，齐寅峰等译. 资产组合管理理论及应用[M]. 北京：机械工业出版社，2000.

理办法》，银行活期存款等流动性工具及货币市场基金比例应在5%以上；债券等固定性收益工具少于95%，取消了对国债投资应大于20%的限制；股票等权益类工具应少于30%，其中股票投资也可达到30%。这里投资比例向量$(X)' = (X_1, X_2, X_3)$分别表示年金资产投资于银行活期存款、国债和股票的比例[①]，依据我国对企业年金投资工具的比例限制，有$X_1 \geqslant 0.05$，$X_2 \leqslant 0.95$，$X_3 \leqslant 0.3$。

结合我国企业年金资产投资约束的均值—方差模型：

$$\min\sigma_p^2 = X'\Omega X = \Sigma X_i^2\sigma_i^2 + \sum_{i=1}^{n}\sum_{\substack{j=1\\ j\neq i}}^{n} X_iX_j\sigma_{ij} \qquad (2)$$

$$\text{Subject} \quad X_1 + X_2 + X_3 = 1$$

$r_p = r_2X_2 + r_3X_3 + r_1 \ (1 - X_2 - X_3)$

$X_1 \geqslant 0.05$，$X_2 \leqslant 0.95$，$X_3 < = 0.3$

$r_p \geqslant 10\%$

在这个模型中，我们设定最低收益率为10%，使用Lagrange乘数法对模型求解，就能得到不同收益率下r_p对应企业年金基金投资的最优比例向量X^*。

数据的选择与计算结果：

为了使研究更具有普遍意义，选取上海证券交易所公布的三年期国债收益情况和上证综合指数的增长率代表国债和股票的收益率；为了减小不确定因素，使研究的时效性更强，把三种指数的数据区间都取2000年至2011年。

表6-7　2000-2011年间一年期银行存款、三年期国债和上证综合指数收益率（%）

年份	一年期银行存款利率r1	三年期国债平均收益率r2	上证综合指数平均收益率r3
2000	2.25	3.05	51.73
2001	2.25	2.6	-20.62
2002	1.98	2.68	-17.52
2003	1.76	2.47	10.27
2004	2.05	2.88	-15.4
2005	2.33	3.14	-8.33
2006	2.25	2.55	130.4

① 这里对于投资工具的选择，如果严格按照三个分类，精确的数据不容易得到，本文采用了相近数据代替.

（续表）

年份	一年期银行存款利率 r1	三年期国债平均收益率 r2	上证综合指数平均收益率 r3
2007	2.52	3.44	110.13
2008	3.60	4.26	-65.0
2009	2.25	2.89	79.98
2010	2.50	2.64	-14.31
2011	3.25	4.23	-21.68
平均值	2.42	3.07	18.25

数据来源：中国证监会网站、中国人民银行网站、中国债券信息网。银行存款利率为利率调整前后的加权平均，国债利率为当年发行国债票面利率的简单算术平均。

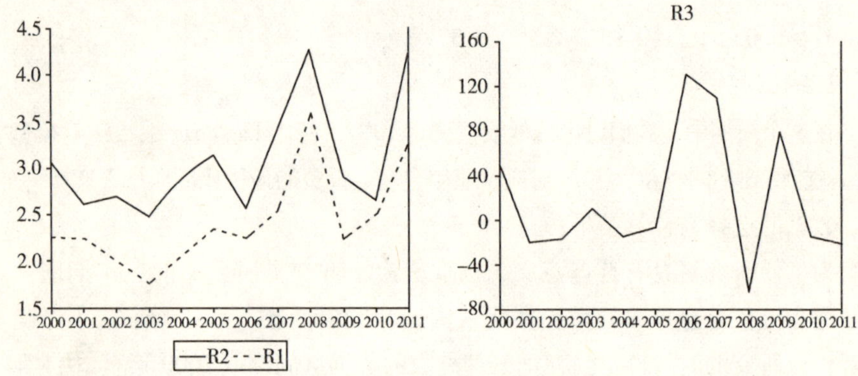

图 6-4　各变量收益率标准差图示

相应的各统计量为：

表 6-8　各变量预期收益率 r_i 和标准差

	一年期银行存款 r1	三年期国债 r2	上证综合指数 r3
预期收益率	2.42	3.07	18.25
标准差	0.521	0.615	60.475

收益率向量 $r=$（2.42，3.07，18.25）

可以看出，在不考虑通货膨胀因素的情况下，银行存款名义收益率最低，波动幅度最小，平均收益率为 2.42%，银行存款主要是作为满足流动性要求而用于投资组合的。其次是三年期国债，平均收益率为 3.07%，股票的平均收益率高达 18.25%，但收益率波动幅度却最大，标准差达到 60.475 ，大大高于成熟资本市场的波动幅度。美国纽约道琼斯指数的标准差在近几十年来很少超过20%，从1990年以后的标准差更是经常保持在10%以下。1985年建立的纳斯达克指数被业界公认为是美国波动性最高的股票价格指数，但自建立以来波幅也从未超过28%。中国股票市场过高的波动率与股票市场的不成熟有着紧密的联系。

根据上表的数据，以现代投资组合理论为依据，分别计算出三种投资工具的相关系数和协方差矩阵：

表6－9　变量相关系数矩阵

	一年期银行存款 r1	三年期国债 r2	上证综合指数 r3
一年期银行存款 r1	1.000	－0.308	－0.339
三年期国债 r2	－0.308	1.000	0.909
上证综合指数 r3	－0.339	0.909	1.000

表6－10　各变量协方差矩阵

	一年期银行存款 r1	三年期国债 r2	上证综合指数 r3
一年期银行存款 r1	0.249	0.267	－9.799
三年期国债 r2	0.267	0.347	－10.496
上证综合指数 r3	－9.799	－10.496	3352.418

我们发现，在2000－2011年间，股票收益率与三年期国债收益率正相关，相关系数绝对值比较大，即呈现较强的正相关关系，只投资于这两种投资工具并不能达到有效分散风险的目的。三年期国债与银行存款的收益率变化的相关系数是－0.308，两者之间的收益走势是负相关，根据投资分散化的基本原理，同时投资于这两种投资工具的投资组合中能够获取更高的投资收益率。股票收益率与银行存款利息负相关（－0.339），相关系数绝对值比较小，即呈现较弱的负相关关系。那么同时投资于这三种投资工具的投资组合中就能够达到有效分散风险的目的，在既定的风险下取得更高的投资收益率或既定收益率下面临较小的风险负担。

二、投资组合收益与风险分析

这里，可以用得到的数据进行各种投资比例下的投资收益与风险水平分析。企业年金资产组合配置模型本质属于一个二次规划问题，这里我们使用

Matlab 最优化函数 quadprog 求解该模型，解得：

$$X_1 = 0.6058, \quad X_2 = 0.2670, \quad X_3 = 0.1271$$

即企业年金在银行存款、国债和股票的比例分别是 60.58%，26.70% 和 12.71% 时，投资组合的风险最小，最小方差 26.06，期望年收益率 5.01%。

上述二次规划是以 5% 为期望收益率下的最优投资比例。根据均值 – 方差理论，将具有不同风险和收益水平的投资工具进行组合，可以降低投资风险。接着我们用相同的理论模型，讨论不同的期望收益率水平下最优投资比例的确定。

表 6 – 11　不同投资组合下最优投资比例　　单位:%

组合	银行活期存款	国债	股票	组合收益率	组合方差
1	58.63	41.04	0.33	2.74	0.12
2	83.38	95.58	4.41	3.53	2.98
3	83.38	12.20	4.41	3.79	2.98
4	73.59	88.99	11.00	4.66	19.40
5	73.59	15.40	11.00	4.74	19.40
6	60.58	26.70	12.71	5.01	26.06
7	12.80	74.70	12.50	13.21	26.39
8	17.19	86.69	13.30	14.49	28.60
9	17.19	69.50	13.30	14.90	28.60
10	44.19	36.50	19.30	6.00	60.93
11	5.54	75.09	19.37	7.63	80.45
12	28.60	44.90	26.40	7.09	115.60
13	38.60	27.90	33.40	8.15	185.46
14	29.90	26.50	43.60	10.98	189.55
15	11.00	52.90	36.00	8.54	215.30
16	22.70	27.40	49.90	12.40	297.43
17	4.80	51.30	43.80	9.73	320.12
18	8.10	39.10	52.80	13.66	434.20
19	11.70	28.90	59.40	15.07	908.56
20	7.30	0.30	92.00	17.09	1429.07
21	0.00	–16.30	116.30	20.73	2270.64

按照我国针对企业年金资产投资比例的相关规定，银行活期存款等流动性工具及货币市场基金比例应该在5%以上；债券等固定性收益类工具少于95%，股票等权益类工具少于30%，其中股票投资少于30%，第13种以后的投资组合中，由于股票的投资比例开始大于30%，超过了《企业年金基金管理办法》规定的上限，所以不具有现实可行性。第1到第12个组合都是符合相关规定的，是我们重点要分析的对象。

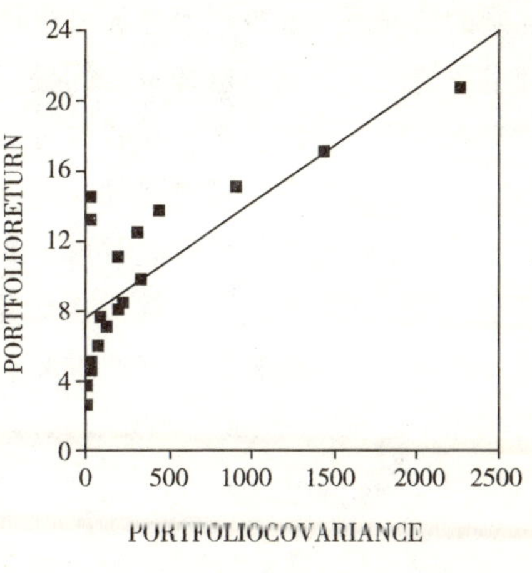

图6－5　投资组合的期望收益率与方差

下面，我们将上表得出的各投资组合中的组合收益率和组合方差数据描绘在散点图上，可以看出各个数据点基本上分布在同一条直线上，这条直线就是资本资产定价理论（CAPM）中的资本市场线（CML）。

从散点图直观的显示可见，风险（方差）随着期望收益率的增加而增大。进一步分析，当收益率到达一定水平，如7.09时，风险的增长幅度非常大，达到115.60。同时我们注意到，投资组合中随着银行存款投资比例的下降，国债和股票投资比例的逐步提高，收益率的增加相对缓慢，但风险增加的幅度却相对很大。例如当期望收益率从6.00增加到7.63时，风险水平增加到了19.52；但期望收益率从7.63增加到8.09时，风险水平却大增到了35.15。造成这种情况的主要原因在于，为保证较高的收益率水平，当期望收益率提高时，股票在整个投资组合中的比例会逐渐增加。而近年来中国股票市场波动很大，前面我们计算出的标准差为60.475左右，大大高于成熟国家资本市场的水平。我们可以认为正是因为中国股票市场的风险过高，才导致了当股票占投资组合比例稍有增加时，整个投资组合的风险却不成比例地大幅度增加。

另外，从符合《企业年金基金管理办法》的组合1至组合12来看，这些投资组合模型都符合该办法对投资组合的规定，但期望收益率大都在10%以下，只有3种组合投资收益率在10%以上，而当股票比例超过30%时，收益率大多在10%以上，但风险水平大幅度增加。这说明我国按《企业年金基金管理办法》规定的投资工具和投资比例进行投资，投资股票比例不超过30%

上限的情况下，各投资管理人可以再利用一定的审慎人规则，在不突破上限要求的情况下，灵活选择一定的投资比例和收益率水平，更能体现出各投资管理人的投资管理水平。在我国资本市场尚不完善的大环境下，这种规定虽然限制了年金基金投资股票等收益可观的权益类产品的比例，也相应地影响到了年金基金投资的总体收益水平的提升。但最重要的还是保证了企业年金基金投资的安全性，因此这种规定是适合目前我国资本市场的实际情况的。至于我国企业年金基金投资何时像资本市场发达完善的国家一样，进一步放宽企业年金投资资本市场的限制，甚至完全取消，还有赖于我国资本市场的规范和完善。

第四节　结　语

对企业年金基金投资进行合理资产配置，向股票市场进行投资，在目前的中国，30%投资股票的上限已经接近国际上许多发展中国家的平均水平。在投资的技术路线上，企业年金资产投资的配置过程中，专业投资机构可以对投资范围、预期回报率、风险水平等进行综合考虑的前提下，选择最合适的组合点。技术方面的问题已经不再是主要的障碍，但最关键的问题恰恰是人们对我国股票市场本身的担忧。

中国资本市场处于快速发展、结构完善和市场逐步演进的过程中，市场系统性风险比例较高，而非系统性风险（特有风险）比例较低的特征导致了在我国市场上分散化的投资方式对于规避风险的作用是有限的，需要通过有效的资产配置和时间选择来控制风险，获取期望的收益。这一特征的形成既与中国证券投资基金市场的现状相关，又是目前中国资本市场还不成熟的反映。无论是基本养老金还是企业年金，将来大规模进入股票市场是必然的。但要厘清的关键问题是，养老金要在怎样的规则下“入市”，进入怎样的“股市”。因此，在大量养老金入市之前，资本市场自身的建设还是非常重要的。就此，我们认为加强市场的规范与建设是当前首要的任务。资本市场要给企业年金基金信心和动力，以改变中国资本市场缺乏长期投资者与年金基金不敢入市的现状。

第七章　企业年金发展的安全保障力

安全保障贯穿于企业年金计划的建立、基金运行、年金领取全部过程。具体来讲就是年金建立阶段合法规范、运行过程公开透明、年金基金投资风险控制良好、年金资金领取阶段安全有序。本章将讨论年金计划在缴费、投资运营、领取等阶段的制度设计，力图实现年金计划全过程的安全监管，为年金计划的建立和快速发展保驾护航。具体内容安排分为制度设计与风险防控、机构选择与风险防控、投资管理与风险防控等方面，力图把政府的直接管理与对各金融机构的间接管理、预防型管理与纠正型管理、事先管理与事后管理、刚性管理与柔性管理有效地结合起来，确保企业年金制度成为广大员工安全高效积累养老金的制度。

第一节　企业年金资产风险类型

作为养老保障体系的重要组成部分，年金计划担负着许多退休员工补充养老保障的功能。企业年金计划的资产管理是个运作流程，参与的主体很多，主要包括年金计划的委托人、受托人、账户管理人、托管人 、投资管理人等等，外部还有监管人、中介组织等相关机构，形成了十分复杂的信托关系、委托—代理关系等制度安排。由于多重委托代理的链条较长，出现各种风险的可能性较大，企业年金计划运营中的风险管理面临多种困难。从资产管理角度看，企业年金计划是一种需要在资本市场上长期投资运作的资产，长期的运营面临很多不确定性风险，包括法律制度变迁、经济环境变动、证券收益波动、利率与汇率变化、通货膨胀等。这些不确定性的多种来源直接导致了长时间大跨度投资收益的不确定性；企业年金基金的这些性质决定了它在追求盈利性、流动性的同时更突出安全性，在风险管理方面有更高的要求。

从事后角度来看，风险被认为是由于不确定性因素而造成的损失。[1] 风险识别即辨别出各种显性的和潜在的风险因素，它是建立有效风险管理的第一步，也是进行风险管理的基础性工作。风险识别是风险管理中的前期准备阶段，只有风险被识别出来，才能进行有效的风险管理。企业年金基金运作过程中的主要风险有：委托代理风险、政策风险、投资风险、通货膨胀风险、操作风险、信用风险、资本市场风险等。下面将对这些风险从年金制度建设是否可控与防范的角度进行分析。

一、年金制度不可控风险

（一）政策风险

企业年金政策风险主要来源于两个方面：一是政策当局为调动企业年金各主体参与的积极性而推出的企业年金发展政策；二是政策当局为规范企业年金计划建立和投资作出的相关规定。从我国当前的情况看，缺少完善有力的企业年金税收优惠政策是阻碍年金计划快速发展的重要问题，具体的表现有：首先，没有全国一致的企业年金计划税惠规定。许多关于年金计划的税惠政策都是以法规、部门条例和地方性法规的方式推出，权威性不够，无法在全国层面有效推进年金计划的发展。其次，总体的税惠幅度较低。我国年金缴费中企业缴纳部分的4%以内可税前列支（后提高到5%），相比美国、加拿大、澳大利亚等国是较低的，这几个国家的税惠幅度分别为15%、18%、20%。[2]第三，没有构建相对完整的企业年金计划税惠法规体系。例如，就年金税惠政策，目前的法规只涉及了缴费阶段的优惠，并没有规定在年金基金投资和养老金领取阶段应该如何处理。第四，鼓励个人缴费的税惠政策不明确、不积极。税收优惠政策的不完善意味着未来的企业年金投资将面临更大的不确定性和波动风险。

政策风险的另外一个主要来源是监管部门为规范企业年金基金投资作出的相关规定。2011年，“一部三会”新修订并颁布实行《企业年金基金管理办法》，其中对年金基金的投资比例等方面给予了更加详细的规定：用于银行活期存款等流动性工具以及货币市场基金的比例应在5%以上；债券等固定性

① Peter Newman, Murray Milgate and John Eatwell, The New Palgrave Dictionary of Money and Finance [M]. Macmillan Press Limited, 1992.

② 单羽青．完善企业年金税收优惠政策［N］．中国经济时报，2008-3-4.

收益工具少于 95%；股票等权益类工具应少于 30%，取消了股票投资少于 20% 的限制。投资比例的限制一方面是我国不成熟的金融市场条件下的谨慎之举，另一方面这种硬性投资比例的限制无法适应投资需要的变动，并且随着金融市场的完善，这些比例限制必将调整，又会使企业年金投资面临不确定性。

（二）资本市场的系统风险

系统风险是指由于市场整体波动所造成的未来收益的不确定性。整个金融市场的系统风险是一个国家整体环境下各种因素共同造成的，年金基金投资过程中面临的资本市场的系统风险是无法回避和控制的，年金制度的建设和完善解决不了系统性风险。

（三）通货膨胀风险

企业年金计划是一项长期积累和投资的资产储备，通货膨胀是侵蚀其购买力的最主要因素之一。如果设定企业年金参与者每月领取的养老金是 2000 元，以比较正常的 3% 的通货膨胀率来计算，经过 20 年后，名义上的 2000 元养老金，除去通货膨胀因素，实际金额已经变成 1104. 97 元。通货膨胀导致年金基金缩水，企业年金支付压力增大，领取者的消费购买力大幅下降。抵御通货膨胀侵蚀，保持财务平衡，是一个设计完好的企业年金计划必须要解决的重大问题。

（四）利率风险

随着各国利率自由化趋势越来越明显，许多受利率变动影响较大的固定收益类资产如银行存款、债券等投资方式面临的利率风险快速增加。在利率波动的情况下，企业年金资产和负债状况，对投资者的利润和经营状况产生很大影响。如何规避利率风险成为各国金融机构关注的重要问题，也是年金基金投资管理人需要面对的重要问题。

二、年金制度可控风险

（一）流动性风险

企业年金的流动性风险是指年金支付到期后面临的支付压力，如果无力及时满足现金流的要求，就会影响到养老金的支取，可能导致较早地进行养老金计划破产清算，这样就能把账面上的损失转变成实际损失，并可能引发金融和社会危机。因此保证最低的流动性需要是最基本的风险管理要求。

（二）信用风险

企业年金计划的道德风险一般包括欺诈、不忠诚和其他不道德行为。从企业年金的领取者角度看，道德风险通常表现为年金计划的发起人不能保证按时足额缴纳养老保险费，或投资管理人盗用、挪用养老基金资产造成损失等；从年金的支付者角度来看，可能由于信息不对称等原因，出现冒名顶替领取年金的行为等。

（三）操作风险

年金基金管理运营过程非常复杂，参与的机构和人员数量非常多，各个管理机构和人员之间的业务往来频繁。这些过程中蕴涵着很多操作风险，年金基金监管部门应该重点关注这类风险。对于企业年金基金专业管理机构，业务流程是否严格防范操作风险的发生、是否有健全的内控制度、对工作人员是否进行风险意识培训、管理机构的风险控制技术是否有效、系统是否强大等等都是关系到企业年金基金管理机构操作风险的重要方面。2006 年上海发生的“社保案”反映了操作风险对企业年金基金的重大影响。“社保案”中社保基金违规操作造成高达 32 亿元的损失，其中绝大部分是企业年金。我国社会保障体系还在进一步发展中，各方面规范化建设有待进一步提高，加强企业年金基金操作风险的防范意义重大。

（四）违规投资风险

年金基金投资于资本市场时，面临着由于投资管理机构不遵守投资管理规定，而造成年金基金投资损失的风险。例如进行《企业年金基金管理办法》所禁止投资的房地产等实物投资、投资于一个公司股票或债券的资金量超过限额等。

第二节　现行监管制度分析

一、资产限额与流动性风险防控

新修订的《企业年金基金管理办法》规定，年金基金投资银行活期存款、中央银行票据、债券回购等流动性产品以及货币市场基金的比例，不得低于投资组合企业年金基金财产净值的5%；清算备付金、证券清算款以及一级市场证券申购资金视为流动性资产。可以看出，新《办法》比旧《办法》关于流动性的规定更加宽松了，用于流动性的资产比例大大降低，总体来讲流动性风险会提高。但是，考虑到企业年金计划的特殊性，即每个企业年金计划都有自己的特殊员工组成和年龄结构，每个年金基金对应的员工数量和年龄结构是不尽相同的，每个年金基金面临的支付要求在不同时间点上也是不一样的。所以，各个年金计划可以在这一原则性规定下，针对自身的实际情况分配流动性资金，以有效应对流动性不足的风险。

二、受托人核心地位与信用风险防控

年金基金的有效治理是保证企业年金计划可持续发展的重要条件，也是年金基金安全运行的重要基石。要真正确保年金基金的有效治理与安全，必须完善一系列年金治理方面的制度安排，充分考虑计划参与者的需求，遵守保障受益人利益的一系列法律与制度框架，给予年金基金管理的各当事人以有效激励，通过制度设计来保障年金计划所有人的利益最大化。

按照我国《企业年金试行办法》的精神，当前我国的年金基金管理模式选择了信托型基金运营模式，确立了以受托人为核心的市场化管理模式。年金基金的信托管理问题涉及双层的信托问题，委托关系较多，程序比较复杂。首先，年金计划的建立者——职工和个人，将把年金基金委托给受托人，建立第一个信托关系，之后，将会以受托人为核心进行年金基金的投资管理工作。具体的程序是，受托人将全权负责处理年金基金的各项管理工作，把年金基金的财产受托、账户管理以及投资管理等业务，分别委托给具体的年金业务管理机构，进行专业化的年金基金管理服务工作。这就产生了以受托人为核心的又一层委托—代理关系。由于我国年金基金按照信托模式管理，按照《信托法》，受托人将成为年金基金的最重要的责任主体，与之建立委托关系的托管人、账户管理人以及投资管理人则是相应的派生责任承担者。为了强化受托人的核心地位，避免近年来出现的受托人“虚化”现象，混淆信托关系和委托关系，《企业年金基金管理办法》专门修改相关的规定，对企业年金理事会组建的有关条件要求更加严格，使得理事会的设立、理事权责的关系更加明确具体。新规定提出了年金理事会作为受托人的各项条件，目的是希望引导更多的专业法人机构受托管理年金基金，有利于从源头上控制企业年金运作的风险。见图7－1。

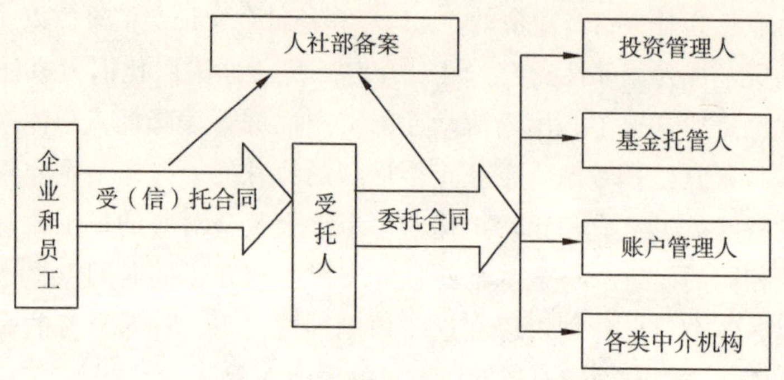

图 7－1　我国企业年金治理结构

资料来源：根据《企业年金试行办法》整理。

三、信息传递制与内部操作风险防控

根据《企业年金基金管理办法》，企业年金基金各当事人需向受托人和监管部门提供相关报告。受托人要按照约定的时间和方式，及时向委托人提供年金计划基金的管理情况与财务会计报告，随时接受委托人对账户的查询；发生与年金计划基金运营相关的重要事项后，应尽快向委托人通报相关情况。账户管理人掌握着账户财产的变化情况，需要积极地履行职责，在约定时间内与基金托管人详细核对年金账户的缴费数据等信息，并把对账的情况及时通报给受托人，另外，账户管理人还要开通有关账户信息的查询服务，为年金计划的参加者以及其他的相关主体提供年金基金的查询服务，为企业账户缴费情况以及个人账户积累情况的信息查询提供方便，还要把受益人每年度受益权的情况打印成报告提供给当事人；账户管理人的另外一个重要任务是要建立防范年金基金投资损失的风险准备金，以及时补偿年金基金投资管理过程中出现的年金基金大规模受损的情况。投资管理人在年金基金管理过程中的信息报送任务也是非常明确的，首先要履行定期向受托人提交相关报告的义务，主要是年金基金的投资组合情况和投资收益情况的报告，还要及时与托管人联系，仔细核对年金基金投资收益的会计核算情况与进行估值的结果。关于托管人在年金基金管理过程中的信息报送任务也是非常重要的，首先要定期给受托人提供年金基金受托管理的财会报告；其次，按照受托人的要求，把年金基金财产分配给相应的投资管理人，并按时办理相关的清算与交割手续；第三，按照受托人的要求，把年金养老金待遇发放给退休的年金计划参与者，按照规定与其他年金基金管理者核对数据，并对投资管理人开展的投资运营行为进行监督，把相关情况定期报告受托人；第四，定期向受托人报送年金基金托管的财会报告。直观的信息传递示意图见图7－2。

审计等各中介服务机构也要严格专业操守，加强对企业年金基金投资运作情况的审计与监督。

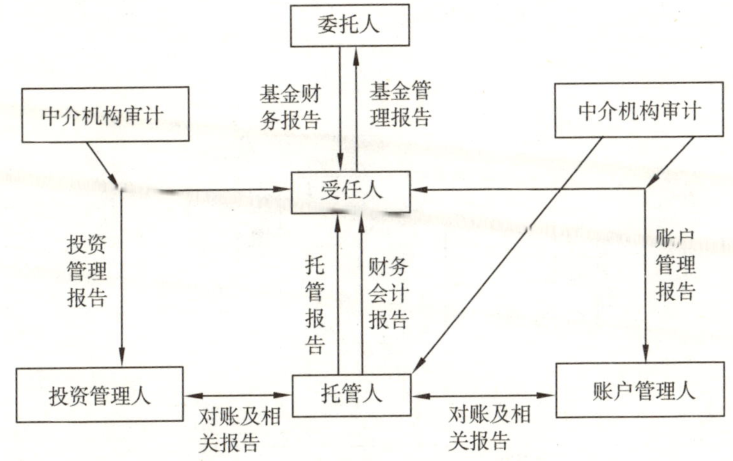

图7－2　年金基金各当事人间信息传递与制衡

资料来源：根据2011年实施的《企业年金基金管理办法》的相关规定整理。

四、信息披露制与外部监管防控

我国企业年金基金将实行个人账户管理，所涉及的各方当事人包括委托人、受托人、账户管理人、托管人、投资管理人、受益人等，各个主体建立在统一的监管框架下，如图7－3所示。

信息是金融市场最为基本、最为重要的资源。为了保证受益人的利益不受侵害，必须建立有效的信息披露机制。《企业年金基金管理办法》严格规定了年金基金的相关信息披露制度。各年金基金管理主体都有义务根据相关规定，把企业年金基金的运行管理情况，如实地向各监管部门报告。报告人要负责提供完整、可靠的年金运营信息。具体的信息报告责任为：受托人要向监管部门和年金计划的受益人、委托人报告年金基金管理和运行的总体情况；托管人在向投资管理人划拨资金的过程中，如果发现其有违反法律规定或者违反合同约定的投资行为，应当不予执行并且立即告知投资管理人，还应尽快报告监管部门和受托人；账户管理人、托管人、投资管理人要定期把审计报告和基金管理报告提交给受托人。其他一些重大事项的发生和变更信息，比如受托人、托管人、账户管理人、投资管理人等管理机构出现分立、合并、被依法撤销或者被申请破产等情况，面临重大诉讼，负责企业年金基金业务的董事长、总经理等管理人员岗位出现变动等情形，必须及时向人力资源和社会保障部报告，同时应当把相关情况及时抄送受托人。这些制度的设计和有力执行是维护年金基金安全的前提条件。

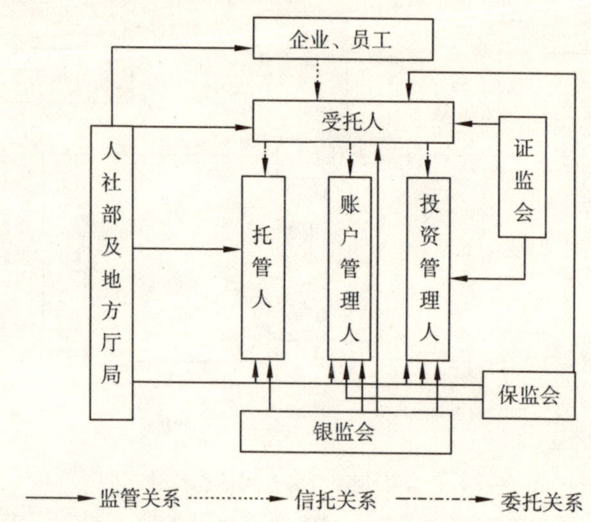

图 7－3　企业年金基金运作流程与临管示意图

资料来源：根据《企业年金基金管理办法》《企业年金试行办法》相关规定整理。

第三节　运营机构选择与投资管理风险防控

一、准入和退出机制

企业年金基金管理市场的准入监管是第一道防线，可以有效地预防年金基金的投资风险，保证年金基金的投资管理人有能力管理年金基金，也有相应的承担自己行为的资产基础。准入机制是属于政府的直接、事先、预防式刚性管理。受托人、账户管理人、托管人、投资管理人要参与到年金基金的运营与管理业务之中，必须向人力资源和社会保障部提交资格申请。其中，申请资格的大致程序是，受托人、托管人、投资管理人和账户管理人需要首先经过它们自身的业务监管部门（即银监会、证监会、保监会，简称“三会”）的同意，经备案后再向人力资源和社会保障部提出年金管理资格申请，经过人力资源和社会保障部规定的相关程序的审查，达到规定的标准和要求后，才能拿到企业年金基金的运营管理资格，成为承接年金基金业务的合法机构。譬如，法人受托机构应当具备的条件包括：经相关监管部门批准在我国境内注册成立；注册资本要大于或等于人民币5亿元，且在存续期间保有人民币5亿元及以上的法人净资产；法人治理结构完善；具有相应数量的从事年金业务资格的专职人员，营业场所符合要求，安全防范设施到位，风险控制以及内部稽核监控等安全制度建设十分完善，近3年没有重大违法违规行为等等。

按照以上标准，我国企业年金主管部门于2005年授予37家公司年金基金运营资格，这些公司成为我国首批企业年金基金运营管理机构。2007年11月19日，原劳动和社会保障部通过评审认定，公布了第二批共24家企业年金基金管理机构名单，其中包括7家受托人机构、7家账户管理人机构、4家托管人机构和6家投资管理人机构。[①] 这些机构都是资金雄厚、管理规范、有良好社会信誉的专业机构，经各界的专家公开评选通过的。可见，提高准入门槛，选择有实力、有信誉、抗风险能力强的机构，把好入行第一道关口是提高安全管理水平的重要一环。

对企业年金基金管理机构市场退出方面的安全监管也是非常严格的。受托人、托管人、账户管理人以及投资管理人如果出现违反法律法规的行为，威胁到企业年金基金财产安全，在相关部门提出整改意见后仍没有改正的，人保部就可以暂时停止该机构开展新的企业年金业务活动，不再允许其承担新的年金基金管理业务。如果违规行为给年金基金财产造成了损失，损害到计划参与者的利益，将依法追究其相应的赔偿责任，构成犯罪的将严格依法追究刑事责任。这一制度安排有利于保护年金计划委托人、受益人的利益，促进年金基金管理的规范化发展，以保证年金基金管理机构能够自我加压，提高投资运营的规范化、法制化水平，为年金计划受益人提供更高的收益。另外，如果需要企业年金基金管理机构退出年金基金服务市场，或者取消其相应的资格，必须在人力资源和社会保障部等相关监管机构的监控下按既定的程序进行，以保证相关当事方的利益不受侵害。

① 中国企业年金网——年金资格专栏，第二批企业年金资格。

二、逆向选择与风险防控

在我国的企业年金制度建设中，制度设计的出发点与核心目标是确保企业年金资产的安全性。因此，相关政策在定位时就提出了对年金基金运营风险控制的较高要求。按照我国《企业年金基金管理办法》《企业年金试行办法》等的设计，在我国年金基金的运作与管理过程中，存在着十分复杂的委托代理关系—双层委托代理关系。首先，建立年金计划的企业及其员工如果要寻找专业的法人受托机构全权负责年金基金的管理与运作，就必须与该法人受托机构间建立起信托关系，该信托关系是年金运作体系中第一层也是最重要的一个委托代理关系；其次，受托人需要寻找代理人执行账户管理、资金托管以及年金基金的投资管理等职能，这就形成了第二链条的委托代理关系。根据信息经济学的观点，委托代理链条越长，委托代理的成本就越高，控制逆向选择风险的难度就越大。逆向选择如果在年金基金管理市场上广泛存在，就会导致企业年金基金管理服务市场各方利益失衡，导致企业年金基金市场的“部分失灵”或者“完全失灵”。因此，控制逆向选择风险是企业年金基金风险防范中十分重要的任务之一。

年金基金管理服务中出现逆向选择的风险，主要原因是年金基金参与各方的利益追求目标出现较大的相互背离，委托人、受托人、投资管理人等各个角色围绕年金基金追求各自的利益所造成的。由于多层委托代理关系造成的信息不对称性，导致市场上出现“劣币驱逐良币”的现象，与年金基金管理服务相关的交易价格下降，相关的运营机构由于采用低价策略，导致年金服务与管理的平均市场价格下降，提供的各种年金服务管理和投资收益水平低下。年金基金管理市场的逆向选择问题会把年金基金市场带向恶性循环的不利境地。因为年金基金的受托人、托管人、账户管理人和投资管理人等各个代理人可以利用自己的专业管理知识与信息优势，在双方的博弈中占据有利地位，在年金基金管理中收取“信息租金”。针对这种情况就需要加强针对管理机构的规范化建设：首先要完善市场评价体系，由政府委托独立机构建立和完善年金基金市场评价体系，加强行业自律与监督，规范年金基金管理机构的行为。其次，加强对信息的核查力度，重点核实年金基金管理公司提供的信息，是否符合实情。第三，监管部门通过所掌握的信息，对年金基金代理人进行全面、准确的评定与评价，并把相关信息及时反馈给年金市场上的企业与员工，以帮助他们选择合适的代理人，规避年金市场上的逆向选择风险，保护自身的利益，保障年金的安全。

第四节 投资监管模式选择与风险防控

一、国际上主要投资监管模式评述

当前，国际上主流的年金基金投资监管模式分为“资产组合定量法则”和“审慎人法则”两大类。

“资产组合定量法则”起源于欧洲大陆，与大陆法系的条文化法律制度相对应，对年金基金持有某种类型的资产进行严格数量限制，以减少该类资产的风险对养老金基金的影响。这种数量限制不仅针对公开金融市场上的投资工具，而且也包括对年金计划发展公司和年金基金管理公司自身资产进行的自我投资。该规则的目的是通过分散化投资，即使是对投资平均回报较高的资产份额也要进行限制，以避免资产过于集中于某一投资产品的风险，减少基金受益者遭受投资运作失败和投资对象破产的危害。

“审慎人法则”首先在英美国家发展起来，与英美国家判例法的传统相适应。该法则规定投资管理人在用年金基金进行投资时，要以审慎的方式进行，即如同在管理自己的资产一样尽职尽责地考虑到各方面的风险，审慎决策以保证投资的安全性，保护基金受益人的利益。该法则把审慎与否的衡量重点放在投资流程过程中，考查资产管理人和机构投资者的投资行为、投资工具选择、投资类型、资产级别、投资决策等是否审慎、尽职、合规。这种规则不强调外部干涉，而是把重心放在投资机构的内部控制与治理结构上，不仅仅要获取定量限制所需要的投资资产组合，更要求投资机构保持投资操作过程的规范透明，以自律的方式保证安全，防控风险。

比较而言，这两种监管法则互有所长，也各有不足。定量法则对于金融市场法律不健全、从业人员素质参差不齐、市场波动较大的国家和地区比较适合，能够保证在相对安全的条件下有一定的收益。但这一法则存在限制过死的缺点，无法实现投资资产组合的最优化配置，影响到年金基金收益率的提高。审慎人规则可以较为灵活的方式选择投资工具，提高收益率，但是这种投资的成功与否依赖于完善的法律、健全的体制、透明的投资决策过程以及高素质的人才队伍。

通常情况下，一国很难完全采用一种方法而排除另一种方法，更多的是将两种方法结合在一起灵活使用（见下表7-1）。使用审慎人规则的国家也会暗含着对自我投资、单个资产投资的数量限制，因为如果不这么做的话，任意放开不做比例限制本身就是违背审慎人规则的本质的。而定量限制规则是在大的监管原则下，也允许在规定的份额内进行数量的优化配置。一国要决定使用什么样的投资监管规则，要具体视各国的国情而定。比如在澳大利亚、英国、美国等国家，政府对私人养老基金的投资组合并没有十分具体的限制，只是概括地对年金基金投资的不同类别的工具、总体的风险防制，还有投资对象所有权的过度等问题提出了指导意见，也没有具体规定持有各类资产的最高上限。而意大利、加拿大等国则是采取不同的操作模式，这些国家在“审慎人”规则的基本原则上，也把定量限制监管的思想融入其中，规定了一些年金基金管理人选择投资工具时，在进行自我投资的额度、投资对象的所有权集中程度以及投资外国资产时，要遵守一定程度的定量原则。不过，相比较完全实施定量限制原则的国家，以审慎人为指导思想的国家定量限制的比例还是较为宽松的。

表7-1 部分OECD国家“审慎人”规则下年金基金投资比例的规定

国家	审慎的分散要求	对本国资产的投资限制	自我投资和所有权集中度	对外国资产投资的限制
加拿大	对单一公司负债的投资不超过10%。	房地产投资限制不超过5%。	自我投资不超过10%，不超过一个公司股份的30%。	外国资产不超过基金资产的20%。
芬兰	在审慎人规则下分散资产。	股票不超过30%，未上市股票不超过5%，抵押贷款不超过50%，房地产不超过40%。	自我投资不超过30%。	80%的货币匹配限制，5%投资于外币，20%投资于欧盟国家。
意大利	单一发行人的债券和股票不超过基金的15%。	流动资产不超过20%，封闭式基金不超过20%。	单一公司不超过10%；多发起人不超过30%；不得拥有单一封闭基金25%以上的资产。	最低33%的货币匹配限制。OECD国家不受管理证券不超过50%，其他不超过5%。

（续表）

国家	审慎的分散要求	对本国资产的投资限制	自我投资和所有权集中度	对外国资产投资的限制
日本		无	允许自我投资	无
荷兰	投资政策须稳健、一致和透明；要实现行业、国家和货币等方面的分散化。	无	自我投资不超过5%；如果是盈余资产，则上限是10%。	无
英国	对缴费确定型养老金有集中度限制。	对单一共同基金的投资不超过总资产的10%，对单一管理人运作的基金的投资不超过25%。	自我投资不超过5%。	无
美国	对资产分散化有总体要求。	无	待遇确定性基金的自我投资不超过5%。	无

资料来源：孙建勇，杨长汉译. OECD养老金治理与投资.

二、严格定量监管：我国的选择

我国企业年金基金的投资监管模式是严格定量监管模式，这一模式的选择是根据目前我国资本市场的发展程度，以及投资运营机构的总体发展水平确定的。2011年通过实施的《企业年金基金管理办法》对年金基金的投资份额分配以及投资对象的所有权集中情况作了明确的规定。其中《办法》第47条和第53条对相关的定量限制规定得非常清楚。首先，年金基金中用于流动性资产投资的份额要大于或等于整个年金基金财产净值的5%，主要投资工具的选择有债券回购、中央银行票据、银行活期存款，以及货币市场基金等等。关于流动性资产的范围，《企业年金基金管理办法》也做了非常明确的界定，包括证券清算款、清算备付金，还有在一级市场中用于申购证券的资金。其次，投资固定收益类产品的资金，不能超过年金基金总额的95%。按照《企业年金基金管理办法》的规定，这里的固定收益类产品包括国债、金融债、银行定期存款、协议存款、企业（公司）债、中期票据、短期融资券、债券基金等等。第三，用于投资权益类产品的资金不能超过年金基金总额的30%。其中用于股票的投资资金由原来的20%提高到30%的水平，这是新的年金基金管理办法对年金基金投资股票的鼓励措施，也表明了我国年金基金投资监管的基本原则仍然是严格限量监管模式，这是基于我国金融市场整体状况的现实选择。

当前，选择严格定量监管模式是符合我国实情的年金基金投资管理模式。因为我国目前整体资本市场发育程度不高，相应的监管能力滞后，现代企业制度也没有完全建立起来。从世界上其他一些国家监管模式选择的实践观察，各国均充分考虑到了本国资本市场的发育发展情况，以及相应的经济法制化程度、公司治理水平等综合因素。选择“审慎人”监管模式的发达国家，一般都在资本市场的完善以及健全监管体系方面做了很多系统性的工作，为年金基金的投资运营工作创造了良好的外部环境。相比较而言，许多发展中国家在这些方面发展水平显得比较落后，金融市场的稳定性差，公司治理结构不完善，投资管理人自我监管制度不健全，也缺乏相关的经验，法律保障水平低。这些情况与“审慎人”规则依法严格管理资本账户，实行高度透明的信息公开制度等方面的要求相去甚远。因此，在这些国家暂时无法采用“审慎人”规则，只能在严格限额的规定下开展年金基金的投资管理活动。我国的情况也是如此。不过，从两种监管规则取得的实际效果来看，“审慎人”规则下年金基金的投资收益普遍高于严格限量规则下的投资收益。因此，从发展趋势来看，我国的企业年金基金监管模式需要慢慢地向“审慎人”规则过渡，当然，这种过渡的速度首先取决于我国年金发展规模，及其赖以生存发展的资本市场规范化建设程度。

三、向审慎人监管模式发展之路

有学者研究发现，一国企业年金基金积累额上升到该国国内生产总值的5%时，就可逐渐放宽其投资对象的限制；当这一比例超过20%时，年金基金就可向海外进行投资。截止到2010年底，我国企业年金基金总额只占国内生产总值的0.95%。因此目前选择定量办法是符合我国实情的。但是，企业年金计划比较有吸引力的一个特点是，企业年金基金有较强的投资增值的预期与空间，因此，为使我国年金基金能够获得比现在更高的收益率水平，选择灵活多变的投资模式，提供更多的投资选择是年金基金监管发展的必然方向，监管模式要为灵活多元的投资提供更多的选择时，我国企业年金基金监管的方式也会做相应的调整，监管工作中逐渐融入“审慎人”规则的理念是发展的大方向。当我国的企业年金基金积累数量迅速发展后，必须为其提供更多的投资选择时，对投资管理人的要求也将进一步提高。不仅要加强对信息披露的过程监管，还要改进投资管理机构的内控机制，不断完善其治理结构，让这些投资管理人在外界事先的监督下，在全过程公开透明的职责履行中，诚实且勤勉地实施“审慎”投资管理人的义务，为企业年金基金的投资升值创造更多机会，有效提升年金基金的价值。我国新修订的《企业年金基金管理办法》其实也为将来年金基金投资份额的调整预留了较大的空间。《办法》第49条规定，负责年金基金监管的“一部三会”应该根据资本市场的发展变化以及年金基金的投资运作表现，及时地对年金基金的投资范围与投资份额的比例进行调整。[①] 回顾智利等拉丁美洲发展中国家私人养老金基金的投资经验，比照近年来我国资本市场上QDII等各类金融投资工具的创新与发展情况可以预料，我国企业年金基金的投资工具的选择，以及投资份额的限制会逐渐放宽，在年金基金积累增加，金融市场更加规范后，我国年金基金的监管模式必定要向“审慎人”方向发展。

第五节 制度创新与风险防控

一、设立全国性养老金发展与监管机构

为了应对老龄化压力，需要成立专门的养老金发展与监管机构，专职负责推动各层次的养老金建设与监督管理工作。这就需要国家从制度顶层设计的角度考虑，建立统筹全局的养老金监督管理机构，把现在分散在“一部三会”的某些职能集中起来，加强各部门之间的相互协调和信息共享，从基本养老金、企业年金等各个层面有针对性地监督和促进养老金的发展。这种制度创新很有必要，因为没有养老金的储备或缺口很大是一种巨大的风险；各类养老金建立和发展运行起来后，没有很好的、统一的监督和管理，把资金置于第三方机构分散、不透明的运行中也面临着很大风险。所以，本研究认

① 张艳红．论我国企业年金的投资管理［D］．上海：华东师范大学，2005.

为从宏观角度看，我国养老金监管制度的创新，不论对于企业年金发展过程中的风险防控，还是对于现存的基本养老保险制度的风险防范，都是很有必要的，也是各种中观、微观管理规范能够得到有效落实，切实加强风险防范的基础。

二、建立引导性老龄保护规则

建立针对老龄者个人账户的保护制度。年金个人账户在劳动者即将步入退休阶段时，承受风险的能力下降，账户资产在金融市场的巨大波动下面临很大风险。对此，经济学家们普遍认为，劳动者接近退休年龄时，可以及时把个人账户资产转入固定收益资产，以免遭受金融市场的暴跌。当然，退休制度的金融风险不可能完全消除，即使现收现付制度也有“政治风险”，当中国进入老龄化而且受益人与劳动者之间的比例急剧上升时，这一政策风险将会压倒一切。所以年金基金的风险防范制度，应该细化具体一些，把老龄保护条款补进去，以提醒和防范老龄员工到退休时的资金安全问题。2008 年金融危机后，OECD 私有养老金市场受影响非常大，几乎没有一个国家（OECD）的养老金计划幸免。私人养老基金缩水了 23%，相当于 5.4 万亿美元，给公共养老金计划的资金增加了压力。即将退休的老年工人是受经济和金融危机影响最大的一群人。他们在经济衰退时最容易丢掉工作，也易于长期处于失业状态。这次危机中 25－34 岁年龄段的私人养老金计划账户余额平均增加了 5%，这是因为他们的交费抵销了投资损失，但是 45－54 岁工人的账户余额下降了 18%。[①] 由于经济危机引起的失业或早退休，使供款期未完成，会永久性地减少退休金的收入。

三、完善现行相关安全保障制度

我国关于企业年金基金管理的一系列办法中，关于风险准备金等方面的安全保障制度规定比较笼统，也没有相应的跟踪监督措施，这方面的安全规定需要进一步加强，具体包括以下几个方面：

（一）建立可查寻的风险准备金制度

风险准备金制度是保证年金基金安全的一道重要防护线，我国的相关法

① OECD 官网：Pension at glance 2009.

律规定了年金基金的投资管理需要计提风险准备金的制度，主要是为防范投资风险而向投资管理人从其获得的管理费中计提准备金。风险准备金的提取标准是，当期投资管理人获得的年金基金管理费的20%；当风险准备金积累的比例达到年金基金净值的10%后，将停止提取。为了有效发挥准备金的作用，积极预防年金基金的投资风险，提取出来的风险准备金必须存入在托管银行开设的专门账户，投资管理人要将风险准备金及时提取、足额划入专用账户，不能只设立名不符实的空账。

（二）严格不得兼任规则，严防关联交易

同一企业年金计划中，年金基金关键的处理环节要分别由不同的管理人承担，特别是同一个年金计划的受托人与托管人这样的关键角色，禁止由同一机构承担，负责年金基金投资管理的机构与直接管理年金资产的托管人也不得为同一机构，也就是说用钱的人与保管钱的人不能为同一个人；企业年金理事会作为年金计划的受托人，托管人不得由该企业年金理事会担任；另外，为了保证这样的制度得到很好的落实，托管人与投资管理人、受托人与托管人之间不得相互兼任。年金基金的投资管理人也不得兼任其他年金基金投资管理人的总经理或其他岗位的业务人员。特别要坚持投资管理人和托管人职责严格分离的原则。在年金基金投资运营管理工作中，年金托管人与投资管理人是非常重要的两个管理主体。因为托管人直接保管着年金资金，还负责向投资管理人划拨资金。而投资管理人则要使用这些资金进行投资获得收益。把这两个管理人的具体职责进行分开操作，能够让他们之间建立互相制约、互相监督的机制，有助于提高企业年金资金运营的安全性。

根据相关规定，在相同的年金计划中，受托人可以兼任两种或者三种年金基金管理人角色，例如在获得年金账户管理资格的同时，也可以获得年金基金的投资管理资格。如果法人受托机构同时获得这两项牌照时，有必要建立相应的风险控制措施，以确保年金基金的各项业务能够独立进行。该受托人从事的两种资格的年金基金管理业务中，必须把受托的业务与投资管理的业务分开，分别建立相应的职能部门、办公场所、投资管理规定等等。直接负责相应具体业务的高管人员不能相互兼任。同时，在相同的企业年金计划中，受托人要遵守公开、公平、公正的原则，按照统一的标准公开各个投资管理人。

（三）财产独立性规则

企业年金基金积累的资产，必须专账管理，独立于其他一切年金基金受托及管理人的自有财产。年金计划的缴费应当及时纳入受托财产专用的年金托管账户，完全独立于给年金基金运营提供各类管理服务的受托人、账户管理人、托管人、投资管理人的资产。其他的法人、自然人如果以各种形式为年金基金提供了管理和服务，他们的资产也要与年金基金资产分开。年金基金财产的独立性还要求，年金基金在运营管理中取得的各种形式的收益，都要完全归入独立的年金基金财产。

另外，按照有关规定，年金基金财产的独立性意味着，所有为年金基金提供受托服务、托管理财、投资运营的各类法人、自然人等主体，无论出现下列哪种情况，它们作为受托人管理的年金基金资产都是独立的，不能受到影响，也不能被用于这些受托人进行债务的清算与偿付。这些异常情况包括年金基金的经营管理机构可能被依法宣告破产，被依法撤销，或者依法解散，或者面临其他原因需要终止它们的经营活动时，必须要保证它们受托管理的年金基金财产的安全性与独立性。另外，年金基金财产的独立性也要求其债权债务关系具有独立性，年金基金或自身活动形成的债权，不可与受托人、托管人、账户管理人、投资管理人等提供年金基金管理、运行、投资的这些机构或个人的其他经营管理活动形成的债务进行相互抵销。独立性还强调，不同年金计划积累的企业年金基金之间，不能相互抵销他们之间的债权债务关系，不是年金基金财产本身应该担负的债务，不能对年金基金资产实行强制执行。

年金基金财产独立性的法理来源是《信托法》。我国《信托法》中的相关规定可概括为以下几个方面：在年金基金的信托关系中，年金基金财产具有独立的法律地位，年金基金财产的投资运作不因受托人与他人间的债权债务关系受影响；信托财产必须要与受托人的财产明确区分开来，不能以任何形式归入受托人原来的财产中，或者在投资管理运作的过程中慢慢与受托人财产混淆在一起；受托人可以按照信托文件的授权全权处理受托财产的各项事务，同时，受托人的更迭通常不会影响到信托关系的存续，等等。可见，《信托法》的精神与具体规定为我国企业年金基金的受托管理、投资运营等工作提供了法理基础与法律制度层面的保证，也为规范我国年金基金管理各个环节中各个管理机构的工作定位、职责范围、权利与义务等方面提供了最基本的法律规范。

第六节　结　语

安全保障制度是年金基金发展的保护神，只有安全得到保障，企业与员工才会考虑把年金基金交给市场机构管理与投资运营。加强对企业年金基金的风险监管，保护计划参与者和受益人的利益，是促进年金计划发展的重要条件。在我国目前的监管体制下，由于缺乏专设的养老金监管与发展机构，相关的监管工作分散在各个不同的职能部门里，为保证年金计划以及年金基金的安全健康发展，目前做好分类功能监管非常必要。年金计划及其年金基金的运行流程非常长，要横跨信托、证券、银行、保险等多个金融行业，为了有效地避免监管真空的出现，强化各部门间的功能监管十分必要。各个行业监管机构首先必须做好自己行业内的监管，对行业内有年金基金运营资格的机构跟踪预先监督，防止先乱后治。同时，各监管职能机构之间要大力加强信息沟通与协调配合，发挥各自的功能，全力控制年金基金在投资运营管理中面临的多种风险与损失，加强对中小企业年金基金的风险预警。虽然年金基金的风险无法完全消除，但是可以通过风险防控机制进行有效的管理。总之，当前只有各监管机构既各司其职又密切配合，才能为年金计划的发展创造更好的条件，在较短的时间内促进年金计划的快速发展。

第八章　结论与建议

一、我国人口老龄化形势非常严峻，需要抓住发展企业年金的战略机遇期

我国的养老压力是世界人口历史上前所未有的。未来 10 多年进行养老金制度改革和完善，发展企业年金制度，多渠道筹集养老金应对老龄化高峰期支付危机的任务十分紧迫。

二、发展企业年金制度是解决基本养老保险困境的有效办法

当前的基本养老保险制度安排有缺陷，社会统筹部分过多导致民众参与的积极性不高。个人账户的空账问题还没有得到有效的解决。养老保险基金仅有的一些资金积累处于贬值窘境中，没有好的增值空间。以个人账户空账为主的显性债务巨大，等现在缴费的人步入老年时，养老金支付危机就会爆发，亟须发展补充养老保险应对这一难题。发展企业年金是分解养老压力的有效选择，可以通过做实的个人年金账户，进行灵活高效的市场化运作以实现保值增值的目标，为员工多提供一层退休金保障。

三、成立专门的养老金发展与监管机构

发展企业年金需要企业、社会、员工个人等方面的合力推动，但在发展初期，最关键的是政府进行制度的顶层设计，把年金制度提高到完善养老保险体系的战略高度认识，给予重视和全力推动，有效地整合整个国家养老保险体系，通过年金制度优化整个养老金体系建设与发展。

四、实行过渡性“阶梯 TEE”年金税惠政策

关于我国当前究竟应该采取什么样的年金税惠政策，本文尝试走一条折中办法，把我国企业年金税制建设分成三个阶段，第一个阶段就是已经过去的时期，第二个阶段是本文提出的实行“阶梯 TEE 制”税惠政策阶段，第三个阶段是年金制度发展成熟后实行 EET 税制阶段。本文重点讨论第二个阶段的“阶梯 TEE 制”税惠政策。我国目前的个税是分类所得税，不管养老金是

否超过纳税标准都不征税。如果要实行养老金的 EET 税制，就需要对所得税制进行根本性的改革，这显然在短期内是不现实的。在各项条件和环境还不太成熟，配套措施跟不上的情况下，强行推动 EET 制未必能成功。我国发展企业年金制度可以尝试“阶梯 TEE 制”过渡性税惠政策，这是成本最低的现实选择。

五、防止税惠政策引起新的收入分配不公

在实行“阶梯 TEE 制”税惠政策时，特别要注意两个方面的问题，一是税惠政策一定要把减免税的优惠落实到个人身上，即年金的企业缴费和个人缴费的一部分在进入个人账户时需要有免税优惠，这是员工个人建立年金计划的最大动力。另一方面，年金缴费在进入个人账户时税费优惠的比例不能太高，而且要以基本工资为基数计算，这样就可以有效地控制部分高收入层阶过度享受优惠政策形成的新的社会不公平。

六、规范的资本市场是年金基金长远发展的基础

企业年金制度的建设和完善既是一项经济政策，更是一项社会政策，它涉及社会经济的很多方面。在我国企业年金制度发展到制度整合阶段时，政策在给予“阶梯 TEE 制”税惠政策后，相关制度建设的配套和完善十分必要，这里最为重要的是资本市场的规范和投资安全保障问题。企业年金计划要吸引人参与，在政府给予税惠政策后真正能承担起部分养老责任，还需要依靠金融市场的保值增值功能的发挥，这也是基金制年金制度生存和发展的基础性条件。考虑到当前我国的资本市场环境，根据本文第六章的模拟分析结果，我们认为我国《企业年金基础管理办法》规定的年金基金投资股票 30% 的上限是符合我国实际的。当前最重要的任务不是盲目照搬国外做法，提高年金基金投资股票的比例，而是需要政府把我国的资本市场加快建设成为一个规范市场、价值市场、长期市场，使正常投资的基本安全能够得到保障。

附　录

程序代码

```
H = [0.249 0.267 -9.799; 0.267 0.347 -10.496; -9.799 -10.496 3352.418]
Aineq = [ -1 -1 -1; -1 0 0 ; -1 0 0 ]
bineq = [ -1; -0.05; 0.95; 0.3]
Aeq = [1 1 1; 2.42 3.07 18.25]
Bequ = [1, 2.74]
F = [0; 0; 0]
[x, fval, exitflag, output, lambda] =quadprog (H, f, Aineq, bineq, Aeq, Beq, 0, 1)
H = [0.249 0.267 -9.799; 0.267 0.347 -10.496; -9.799 -10.496 3352.418]
Aineq = [ -1 -1 -1; -1 0 0 ; -1 0 0 ]
bineq = [ -0.05; 0.95; 0.3]
Aeq = [1 1 1; 2.42 3.07 18.25]
Bequ = [1, 3.53]
F = [0; 0; 0]
[x, fval, exitflag, output, lambda] =quadprog (H, f, Aineq, bineq, Aeq, Beq, 0, 1)
H = [0.249 0.267 -9.799; 0.267 0.347 -10.496; -9.799 -10.496 3352.418]
Aineq = [ -1 -1 -1; -1 0 0 ; -1 0 0 ]
bineq = [ -0.05; 0.95; 0.3]
Aeq = [1 1 1; 2.42 3.07 18.25]
Bequ = [1, 3.79]
F = [0; 0; 0]
```

[x, fval, exitflag, output, lambda] =quadprog (H, f, Aineq, bineq, Aeq, Beq, 0, 1)

H = [0.249 0.267 -9.799; 0.267 0.347 -10.496; -9.799 -10.496 3352.418]

Aineq = [-1 -1 -1; -1 0 0 ; -1 0 0]

bineq = [-0.05; 0.95; 0.3]

Aeq = [1 1 1; 2.42 3.07 18.25]

Bequ = [1, 4.66]

f = [0; 0; 0]

[x, fval, exitflag, output, lambda] =quadprog (H, f, Aineq, bineq, Aeq, Beq, 0, 1)

H = [0.249 0.267 -9.799; 0.267 0.347 -10.496; -9.799 -10.496 3352.418]

Aineq = [-1 -1 -1; -1 0 0 ; -1 0 0]

bineq = [-0.05; 0.95; 0.3]

Aeq = [1 1 1; 2.42 3.07 18.25]

Bequ = [1, 4.74]

f = [0; 0; 0]

[x, fval, exitflag, output, lambda] =quadprog (H, f, Aineq, bineq, Aeq, Beq, 0, 1)

H = [0.249 0.267 -9.799; 0.267 0.347 -10.496; -9.799 -10.496 3352.418]

Aineq = [-1 -1 -1; -1 0 0 ; -1 0 0]

bineq = [-0.05; 0.95; 0.3]

Aeq = [1 1 1; 2.42 3.07 18.25]

Bequ = [1, 5.01]

f = [0; 0; 0]

[x, fval, exitflag, output, lambda] =quadprog (H, f, Aineq, bineq, Aeq, Beq, 0, 1)

H = [0.249 0.267 -9.799; 0.267 0.347 -10.496; -9.799 -10.496 3352.418]

Aineq = [-1 -1 -1; -1 0 0 ; -1 0 0]

bineq = [-0.05; 0.95; 0.3]

Aeq = [1 1 1; 2.42 3.07 18.25]

Bequ = [1, 13.21]

f= [0; 0; 0]

[x, fval, exitflag, output, lambda] =quadprog (H, f, Aineq, bineq, Aeq, Beq, 0, 1)

H = [0.249 0.267 -9.799; 0.267 0.347 -10.496; -9.799 -10.496 3352.418]

Aineq = [-1 -1 -1; -1 0 0 ; -1 0 0]

bineq = [-0.05; 0.95; 0.3]

Aeq = [1 1 1; 2.42 3.07 18.25]

Bequ = [1, 14.49]

f= [0; 0; 0]

[x, fval, exitflag, output, lambda] =quadprog (H, f, Aineq, bineq, Aeq, Beq, 0, 1)

H = [0.249 0.267 -9.799; 0.267 0.347 -10.496; -9.799 -10.496 3352.418]

Aineq = [-1 -1 -1; -1 0 0 ; -1 0 0]

bineq = [-0.05; 0.95; 0.3]

Aeq = [1 1 1; 2.42 3.07 18.25]

Bequ = [1, 14.90]

f= [0; 0; 0]

[x, fval, exitflag, output, lambda] =quadprog (H, f, Aineq, bineq, Aeq, Beq, 0, 1)

H = [0.249 0.267 -9.799; 0.267 0.347 -10.496; -9.799 -10.496 3352.418]

Aineq = [-1 -1 -1; -1 0 0 ; -1 0 0]

bineq = [-0.05; 0.95; 0.3]

Aeq = [1 1 1; 2.42 3.07 18.25]

Bequ = [1, 6.00]

f= [0; 0; 0]

[x, fval, exitflag, output, lambda] =quadprog (H, f, Aineq, bineq, Aeq,

Beq, 0, 1)

H = [0.249 0.267 -9.799; 0.267 0.347 -10.496; -9.799 -10.496 3352.418]

Aineq = [-1 -1 -1; -1 0 0 ; -1 0 0]

bineq = [-0.05; 0.95; 0.3]

Aeq = [1 1 1; 2.42 3.07 18.25]

Bequ = [1, 7.63]

f = [0; 0; 0]

[x, fval, exitflag, output, lambda] =quadprog (H, f, Aineq, bineq, Aeq, Beq, 0, 1)

H = [0.249 0.267 -9.799; 0.267 0.347 -10.496; -9.799 -10.496 3352.418]

Aineq = [-1 -1 -1; -1 0 0 ; -1 0 0]

bineq = [-0.05; 0.95; 0.3]

Aeq = [1 1 1; 2.42 3.07 18.25]

Bequ = [1, 7.09]

f = [0; 0; 0]

[x, fval, exitflag, output, lambda] =quadprog (H, f, Aineq, bineq, Aeq, Beq, 0, 1)

H = [0.249 0.267 -9.799; 0.267 0.347 -10.496; -9.799 -10.496 3352.418]

Aineq = [-1 -1 -1; -1 0 0 ; -1 0 0]

bineq = [-0.05; 0.95; 0.3]

Aeq = [1 1 1; 2.42 3.07 18.25]

Bequ = [1, 8.15]

f = [0; 0; 0]

[x, fval, exitflag, output, lambda] =quadprog (H, f, Aineq, bineq, Aeq, Beq, 0, 1)

H = [0.249 0.267 -9.799; 0.267 0.347 -10.496; -9.799 -10.496 3352.418]

Aineq = [-1 -1 -1; -1 0 0 ; -1 0 0]

bineq = [-0.05; 0.95; 0.3]

Aeq = [1 1 1; 2.42 3.07 18.25]

Bequ = [1, 10.98]

f= [0; 0; 0]

[x, fval, exitflag, output, lambda] =quadprog (H, f, Aineq, bineq, Aeq, Beq, 0, 1)

H = [0.249 0.267 -9.799; 0.267 0.347 -10.496; -9.799 -10.496 3352.418]

Aineq = [-1 -1 -1; -1 0 0 ; -1 0 0]

bineq = [-0.05; 0.95; 0.3]

Aeq = [1 1 1; 2.42 3.07 18.25]

Bequ = [1, 8.54]

f= [0; 0; 0]

[x, fval, exitflag, output, lambda] =quadprog (H, f, Aineq, bineq, Aeq, Beq, 0, 1)

H = [0.249 0.267 -9.799; 0.267 0.347 -10.496; -9.799 -10.496 3352.418]

Aineq = [-1 -1 -1; -1 0 0 ; -1 0 0]

bineq = [-0.05; 0.95; 0.3]

Aeq = [1 1 1; 2.42 3.07 18.25]

Bequ = [1, 12.40]

f= [0; 0; 0]

[x, fval, exitflag, output, lambda] =quadprog (H, f, Aineq, bineq, Aeq, Beq, 0, 1)

H = [0.249 0.267 -9.799; 0.267 0.347 -10.496; -9.799 -10.496 3352.418]

Aineq = [-1 -1 -1; -1 0 0 ; -1 0 0]

bineq = [-0.05; 0.95; 0.3]

Aeq = [1 1 1; 2.42 3.07 18.25]

Bequ = [1, 9.73]

f= [0; 0; 0]

[x, fval, exitflag, output, lambda] =quadprog (H, f, Aineq, bineq, Aeq, Beq, 0, 1)

H = [0. 249 0. 267 -9. 799; 0. 267 0. 347 -10. 496; -9. 799 -10. 496 3352. 418]

Aineq = [-1 -1 -1; -1 0 0 ; -1 0 0]

bineq = [-0. 05; 0. 95; 0. 3]

Aeq = [1 1 1; 2. 42 3. 07 18. 25]

Bequ = [1, 13. 66]

f = [0; 0; 0]

[x, fval, exitflag, output, lambda] =quadprog (H, f, Aineq, bineq, Aeq, Beq, 0, 1)

H = [0. 249 0. 267 -9. 799; 0. 267 0. 347 -10. 496, 9. 799 -10. 496 3352. 418]

Aineq = [-1 -1 -1; -1 0 0 ; -1 0 0]

bineq = [-0. 05; 0. 95; 0. 3]

Aeq = [1 1 1; 2. 42 3. 07 18. 25]

Bequ = [1, 15. 07]

f = [0; 0; 0]

[x, fval, exitflag, output, lambda] =quadprog (H, f, Aineq, bineq, Aeq, Beq, 0, 1)

H = [0. 249 0. 267 -9. 799; 0. 267 0. 347 -10. 496; -9. 799 -10. 496 3352. 418]

Aineq = [-1 -1 -1; -1 0 0 ; -1 0 0]

bineq = [-0. 05; 0. 95; 0. 3]

Aeq = [1 1 1; 2. 42 3. 07 18. 25]

Bequ = [1, 17. 09]

f = [0; 0; 0]

[x, fval, exitflag, output, lambda] =quadprog (H, f, Aineq, bineq, Aeq, Beq, 0, 1)

H = [0. 249 0. 267 -9. 799; 0. 267 0. 347 -10. 496; -9. 799 -10. 496 3352. 418]

Aineq = [-1 -1 -1; -1 0 0 ; -1 0 0]

bineq = [-0. 05; 0. 95; 0. 3]

Aeq = [1 1 1; 2. 42 3. 07 18. 25]

```
Bequ = [1, 20.73]
f = [0; 0; 0]
[x, fval, exitflag, output, lambda] = quadprog (H, f, Aineq, bineq, Aeq, Beq, 0, 1)
```

参考文献

中文参考文献

［1］杨帆．企业年金在中国社保体系改革中的战略地位和经济社会价值［EB］．2009.

［2］蔡昉．人口转变、人口红利与刘易斯转折点［J］．经济研究，2010（4）．

［3］牛海，李洁明．论制约我国企业年金发展的主要障碍及对策［J］．江西财经大学学报，2010（5）．

［4］杨帆，郑秉文．中国企业年金发展报告［M］．北京：中国劳动社会保障出版社，2008.

［5］［美］埃弗里特·T. 艾伦，约瑟夫·J. 梅隆，杰里·S. 罗森布鲁姆等著．退休金计划［M］．北京：经济科学出版社，2003.

［6］李洁明，许晓茵．养老保险改革与资本市场发展［M］．上海：复旦大学出版社，2003.

［7］李春玲．美国企业年金制度变迁［M］．北京：知识产权出版社，2007.

［8］彭雪梅．企业年金税收政策的研究［M］．成都：西南财经大学出版社，2005.

［9］劳社部发〔2004〕20号文件．企业年金试行办法．

［10］世界银行：防止老龄危机——保护老年人和促进增长的政策［M］．北京：中国财政经济出版社，1996.

［11］王贞琼．中国企业年金制度的比较与启示［J］．江汉论坛，2004（5）．

［12］赵曼．企业年金制度构建及其治理结构［J］．理论月刊，2004（8）．

［13］杨立雄．中国社会保障应该统一［EB］．2009.

［14］丁纯．德英两国医疗保障模式比较分析：俾斯麦模式和贝弗里奇模

式 [J]. 财经论丛, 2009 (1).

[15] 邓大松, 刘昌平. 中国企业年金制度研究 [M]. 北京: 人民出版社, 2005.

[16] 殷俊. 中国企业年金计划设计与制度创新研究 [M]. 北京: 人民出版社, 2008.

[17] [法] 卡特琳·米尔斯, 郑秉文译. 社会保障经济学 [M]. 北京: 法律出版社, 2003.

[18] 劳动保障部社会保险研究所. 中国企业年金制度与管理规范. 北京: 中国劳动社会保障出版社, 2002.

[19] 劳动保障部社会保险研究所. 中国企业年金财税政策与运行. 北京: 中国劳动社会保障出版社, 2003.

[20] 郑秉文. 信托型年金制度为首选 [J]. 数学财富, 2004 (5).

[21] 李娟. 企业年金运作模式的国际比较及我国的选择 [J]. 企业发展, 2006 (11).

[22] 王延中, 龚贻生, 段家喜. 企业年金市场: 国际经验及中国前景 [J]. 中国金融, 2005 (20).

[23] 孟芗. 企业年金三冷三热, 统一税制何时出台? [N]. 21 世纪经济报道, 2005-06-30.

[24] 牛海, 汤建光. 我国企业年金发展面临的难题探究 [J]. 经济问题探索, 2011 (2).

[25] 林东海, 林惠华. 不同税收优惠体制下企业年金计算与分析 [J]. 税务研究, 2007 (10).

[26] 牛海. 中小企业年金的重要作用及发展路途分析 [J]. 兰州学刊, 2010 (11).

[27] 牛海. 亚太国家经验对我国发展中小企业年金的启示 [J]. 企业经济, 2010 (4).

[28] 杨怡. 中国企业年金投资运作模式研究 [D]. 上海: 复旦大学, 2010.

[29] 崔立全. 我国企业年金制度的发展模式研究 [D]. 南昌: 江西财经大学, 2009.

[30] 王智斌. 中国养老保险制度改革与政策建议 [D]. 成都: 西南财经大学, 2007.

[31] 刘云龙，姚枝仲，傅安平．中国企业年金发展与税惠政策支持[J]．管理世界，2002（4）．

[32] 张小云．补充养老保险税收政策的国际比较分析及其借鉴［J］．财政研究，2003（9）．

[33] 朱青．国外企业年金计划的税收制度及启示［J］．海外税收，2003（8）．

[34] 杨老金，邹照红．发展企业年金的意义［EB］．2009.

[35] 刘军丽．发展中小企业年金计划完善社会养老保险体系［J］．社会保障研究，2008（3）．

[36] 卢江，董登新．美国小企业计划及其对中国企业年金的启示［J］．武汉科技大学学报（社会科学版），2006（4）．

[37] 郑秉文，杨老金．我国联合企业年金计划展现独特魅力［N］．上海证券报，2006－04－06.

[38] 郭席四．我国企业年金基金投资运营管理研究［J］．湖北经济学院学报，2003（3）．

[39] 刘青．我国企业年金投资管理及风险防范研究［D］．杭州：浙江工业大学，2008.

[40] 邓大松，刘昌平．中国企业年金制度若干问题研究［J］．经济评论，2003（6）．

[41] 刘子兰．养老金制度和养老基金管理［M］．北京：经济科学出版社，2005.

[42] 史柏年．中国社会养老保险制度研究［M］．北京：经济管理出版社，1999.

[43] 吴祥云，师继承等．中国企业年金财税政策与运行［M］．北京：中国劳动社会保障出版社，2003.

[44] 丹尼斯·E. 罗格，杰克·S. 雷德尔著，林羿等译．养老金计划管理［M］．北京：中国劳动社会保障出版社，2003.

[45] 郑秉文，方定友，史寒冰．当代东亚国家地区社会保障制度[M]．北京：法律出版社，2001.

[46] 马歇尔·N. 卡特，威廉·G. 希普曼著，李珍等译．信守诺言——美国养老社会保险制度改革思路［M］．北京：中国劳动社会保障出版社，2003.

[47] 孙波．企业年金本土化运行模式研究［J］．经贸论坛，2008

(12).

[48] 刘云龙，傅安平．企业年金——探索与国际比较．北京：中国金融出版社，2004.

[49] 殷俊．中国企业年金计划设计与制度创新研究［M］．北京：人民出版社，2008.

[50] 李绍光．养老金制度与资本市场［M］．北京：中国发展出版社，1998.

[51] 科林·吉列恩．全球养老保障——改革与发展［M］．北京：中国社会保障出版社，2002.

[52] 林义．社会保险基金管理［M］．北京：中国劳动保障出版社，2000.

[53] 韩强．企业年金投资决策六大关键［N］．中国经济时报，2005-06-08.

[54] 郑婉仪，陈秉正．企业年金对我国退休职工养老保险收入替代率影响的实证分析［J］．管理世界，2003（11）.

[55] 巴曙松，陈华良．企业年金市场的准入与退出制度研究［J］，湖北经济学院学报，2005（1）.

[56] 马晓河．中等收入陷阱的国际观照和中国策略［J］．改革，2011（11）.

[57] 邓大松，吴小武．协同论在企业年金基金风险监管中的应用研究［J］．武汉金融，2005（5）.

[58] 朱俊生．建立规范的企业年金制度［J］．中国保险，2004（6）.

[59] 巴曙松．企业年金风险监管的主要环节和政策框架［J］．海南金融，2005（7）.

[60] 巴曙松，华中炜．企业年金投资监管模式比较及我国的路径选择［J］．中国金融，2005（5）.

[61] 杨洁．企业年金入市——保险资金投资渠道扩宽［J］．经济问题探索，2006（4）.

[62] 李元卿，曾琼．基金公司投资管理企业年金的决策与内控机制［J］．当代财经，2005（8）.

[63] 世界银行．老年保障——中国的养老金体制改革［M］．北京：中国财政经济出版社，1997.

[64] 方明川. 商业年金保险理论与实务 [M]. 北京: 首都经济贸易大学出版社, 2000.

[65] 马晓河. 人民财评: 增加中低收入者收入要过三道"坎" [N]. 人民网, 2011-12-23.

[66] 郭琳. 中国养老保险体系变迁中的企业年金制度研究 [M]. 北京: 中国金融出版社, 2008.

[67] 孙建勇. 企业年金管理指引 [M]. 北京: 中国财政经济出版社, 2004.

[68] 李春平. 关于加快补充养老发展, 增强上海养老保障体系可持续发展能力的调研报告. 新民晚报, 2011-10-24.

[69] 张健. 企业实施年金计划的动因分析 [J]. 重庆理工大学学报 (社会科学版), 2010 (6).

[70] 张左己. 领导干部社会保障知识读本 [M]. 北京: 中国劳动社会保障出版社, 2002.

[71] 华宝兴业基金, 中小企业建立联合的企业年金计划 [N]. 上海证券报, 2006-03-28.

[72] 于小东等译. OECD 国家养老金发展与改革 [M]. 北京: 中国发展出版社, 2007.

[73] 蒋云赟. 我国企业基本养老保险的代际平衡分析 [J]. 世界经济文汇, 2009 (1).

[74] 何立新, 封进. 养老保险改革对家庭储蓄率的影响: 中国的经验证据 [J]. 经济研究, 2008 (10).

[75] 郑功成等. 中国养老金发展报告 2011 [EB].

[76] 侯文若编著. 社会保险 [M]. 北京: 中国劳动社会保障出版社, 2005.

[77] 张美中等. 企业年金: 中国养老保险的第二支柱 [M]. 北京: 企业管理出版社, 2004.

[78] 林羿. 美国的私有退休金体制 [M]. 北京: 北京大学出版社, 2002.

[79] 埃佛里特·T. 艾伦, 杨燕绥译. 美国退休金计划 (第 8 版) [M]. 北京: 经济科学出版社, 2003.

[80] 胡晓义. 我国基本养老保险基金结余 1.9 万亿元 [N]. 经济参考

报，2011－04－19.

［81］2010年度人力资源和社会保障事业发展统计公报.

［82］中国年金市场每周趋势报告，2010年07月03日—07月09日，中国养老金网.

［83］小詹姆斯·L. 法雷尔，沃尔特·J. 雷哈特著，齐寅峰等译．资产组合管理理论及应用［M］. 北京：机械工业出版社，2000.

［84］单羽青．完善企业年金税收优惠政策［N］．中国经济时报，2008－03－04.

［85］中国企业年金网——年金资格专栏，第二批企业年金资格.

［86］尼古拉斯·巴尔著，郑秉文等译．福利国家经济学［M］．北京：中国劳动社会保障出版社，2003.

［87］王彦国．投资基金论［M］．北京：北京大学出版社，2002.

［88］顾红．日本税收制度［M］．北京：经济科学出版社，2003.

［89］胡务．社会福利概论［M］．成都：西南财经大学出版社，2008.

［90］武川正吾，佐藤博树编，李黎明，张永春译．企业保障与社会保障［M］．北京：中国劳动社会保障出版社，2003.

［91］胡安·阿里斯蒂亚主编．AFP：三个字的革命——智利社会保障制度改革［M］．北京：中央编译出版社，2001.

［92］赵曼主编：社会保障学［M］．北京：中国财政经济出版社，2003.

［93］刘文海．发达国家社会保障制度［M］．北京：时事出版社，2001.

［94］武剑．内部评级理论、方法与实务［M］．北京：中国金融出版社，2005.

［95］乔埃尔·贝西斯，许世清译．商业银行风险管理［M］．北京：经济管理出版社，2001.

［96］哈里·M. 马柯威茨著．刘军霞，张一池译．资产选择——投资的有效分散化［M］．北京：首都经济贸易大学出版社，2000.

［97］郑秉文．信托型年金制度为首选［J］．数学财富，2004（5）.

［98］郑婉仪，陈秉正．企业年金对我国退休职工养老保险收入替代率影响的实证分析［J］．管理世界，2003（11）.

［99］［美］约翰B·威廉姆森等．马胜杰等译．养老保险分析［M］．北京：法律出版社，2002.

［100］殷俊．中国企业年金计划设计与制度创新研究［M］．北京：人民

出版社，2008.

［101］史建平等译．OECD 国家养老金制度与体系［M］．北京：中国发展出版社，2007.

［102］田北海．香港与内地老年社会福利模式比较［M］．北京：北京大学出版社，2008.

［103］潘莉等．社会保障的经济分析［M］．北京：经济管理出版社，2006.

［104］吕学静主编．社会保障国际比较［M］．北京：首都经济贸易大学出版社，2007.

［105］李通屏等．人口经济学［M］．北京：清华大学出版社，2008.

［106］董克用等译．OECD 国家养老金趋势与挑战［M］．北京：中国发展出版社，2007.

［107］孙建勇等译．OECD 国家养老金治理与投资［M］．北京：中国发展出版社，2007.

［108］郑秉文等译．OECD 国家养老金规范与监管［M］．北京：中国发展出版社，2007.

［109］于小东等译．OECD 国家养老金发展与改革［M］．北京：中国发展出版社，2007.

［110］周新辉，李明亮．中国证券投资基金资产配置效率实证研究［J］．财经研究，2007（3）．

［111］滕健．中外企业年金投资工具比较与分析［J］．特区经济，2005（12）．

［112］李安民．从国外实践看中国企业年金投资于房地产信托基金的可行性［J］．福建论坛（人文社会科学版），2006（2）．

［113］王信．养老基金营运监管的国际经验及启示［J］．经济社会体制比较，2000（2）．

［114］刘钧．美国企业年金计划的运作及其对我国的启示［J］．中央财经大学学报，2002（9）．

［115］李曜．企业年金基金投资：基于理论模型和实践经验的研究［J］．商业经济与管理，2007（1）．

［116］郭磊，陈方正．退休后企业年金最优投资决策［J］．系统工程，2008（2）．

［117］朱俊生．建立规范的企业年金制度［J］．中国保险，2004（6）．

[118] 巴曙松，华中炜. 企业年金投资监管模式比较及我国的路径选择 [J]. 中国金融，2005（5）.

[119] 张云. 企业年金基金投资监管模式比较与选择 [J]. 上海立信会计学院学报，2007（1）.

[120] 郑功成. 中国社会保障改革与发展战略——理念、目标与行动方案 [M]. 北京：人民出版社，2008.

[121] 殷俊，赵伟. 社会保障基金管理新论 [M]. 武汉：武汉大学出版社，2007.

[122] 李元卿，曾琼. 基金公司投资管理企业年金的决策与内控机制 [J]. 当代财经，2005（8）.

[123] 郑秉文，房连泉，王新梅. 日本社保基金东亚化投资的惨痛教训 [J]. 2005（5）.

[124] 侯文若. 日本年金制度改革的启示 [J]. 日本学刊，1997（1）.

英文参考文献

[125] World Population Prospects, the 2010 Revision. http://esa.un.org/unpd/wpp.

[126] Samuelson, P. A., An Exact Consumption Theory of Social Security [J]. 1958.

[127] Aaron, H. J., The Social Insurance Paradox [J]. Canadian Journal of Economics, 1966. 32（8）.

[128] Kotlikoff, L. J., K. A. Smetters and J. Walliser, Social security: privatization and progressivity. American Economic Review, 1998. 88（2）.

[129] Gordon, R. H. and A. S. Blinder, Market wages, reservation wages, and retirement decisions. Journal of Public Economics, 1980. 14（2）.

[130] Munnell, A. H., The economics of private pensions. 1982: Brookings Inst Pr.

[131] Richard Ippolito: The economic burden of corporate pension liabilities [J]. Financial Analysts Journal, Vol. 42, No. 1, Jan. - Feb., 1986.

[132] Lazear & Edward. Why is There Mandatory Retirement [J]. Journal of Political Economy, 1995, 187（6）.

[133] Black F. & Scholes M. The Pricing of Options and Corporate Liabilities

[J] polit. Economy1973 (81) .

[134] http: //www. apra. gov. au/Super/Pages/superannuation – institutions – statistics. aspx

[135] Taylor, Stephen, Eamshaw etal. The provision of occupational pensions in the 1990s: An exploration of employer objeetives [J] . Employee Relations, 1995, Vol. 17, 155. 2.

[136] Peter Newman, Murray Milgate and John Eatwell, The New Palgrave Dictionary of Money and Finance [M] . Macmillan Press Limited, 1992.

[137] OECD: Pension at glance 2009.

[138] Demacro, Gustavo, Rafman and Edward Whitehouse. Supersing Mandatory Funded Pension systems: Issues and Challages. Unpublished Manuscript. , 1998, The world Bank.

[139] Zvi Bodie, The ABO, the PBO and Pension Investment Policy [J] . Financial Analysts Journal, October1990.

[140] Markowitz, Harry M, Portfolio Seleetion: Efficient Diversification of Investments [M] . NewYork: John Wiley and Sons, Inc. , 1959.

[141] Fama. Foundations of Finance [M] . University of Chicago, 1999.

[142] Taylor, Stephen, Eamshaw etal. The provision of occupational pensions in the 1990s: An exploration of employer objeetives. Employee Relations [J] . 1995 (17) .

[143] Tepper Irvin, taxation and corporate pension policy [J] . journal of finance , 1981.

[144] Sharpe, W, corporate pension funding policy [J] . journal of financial economics, 1976 (6) .

[145] Ippolito, Richard A. , The Implict Pension Contract: Developments and New Directions, Journal of Human Resoures, 1987, Vol. 22, Issue3.

[146] Bulow, Jeremy I. , What are Corporate Pension Liabilities Quarterly Journal of economics, Aug82, Vol. 97, Issue3.

[147] Laurence J. Kotlikoff, David A. Wise, The incentive effectsofprivate pension plans nationanl bureau of econnmic research , 1984.

[148] Logue, D. E. and J. S. Rader, Managing pension plans: A comprehensive guide to improving plan performance. 1998, Boston, Mass: Harvard Business

School Press.

[149] Feldstein, M. and Jeffery B. Liebman, 2011, "Social Security" NBER WorkingPaper NO. 8451

[150] Williamson, J. B. and F. C. Pampel, Old – age security in comparative perspective. 1993: Oxford University Press, USA.

[151] Feldstein, M. , The missing piece in policy analysis: social security reform. The American Economic Review, 1996. 86 (2) .

[152] Markowitz H. Portfolio Seleetion [J] . Journal of Financial Economics, 1952 (2).

[153] Harrison. J Michael, Sharpe W, optimal funding and asset allocation rules for defined benefit pension plans [M] . Chicago university of Chicago press, 1983.

[154] Harry Markowitz. Portfolio Selection [J] . Journal of Finance, 1952.

[155] MossinJ. Equilibrium in a Capital Marke [J] . Eeonometrics, 1966, 10.

[156] WilliamSharp. Capital Asset Prices: A Theory of Capital Market Equilibrium Under Conditions of Risk [J] . Journal of Finance, 1964.

[157] OECD PENSION AT GLANCE 2006.

[158] Pension at Glance2009: Retirement – Income Systems in OECD Countries [R], www. oecd. org/document

[159] Douglasse. North. Institutions [J] . Journal of Economic Perspectives, 1991, 5 (1) .

[160] Gary S. Becker, Investment in Human Capital: A Theoretical Analysis, The Journal of Political Economy, Volume 70, Issue5, Part2: Investment in Human Beings (Oct. , 1962) .

[161] Ellwood, D, pensions and the labor market: a starting point pensions Labor Individual Choice [M] . Chicago: Chicago University Press, 1985.

[162] Weil N Mccauley duration: an appreciation [J] . journal of business, 1973.

[163] S. Ross. Arbitrage Theoryof Capital Asset Pricing [J] . Journalof Economic Theory, 1976.

[164] FrootA. K, SeharfsteinD. S, SternJ. C. A framework for risk management

[J] . Harward Business Review, 1994.

[165] GO. Bierwag. Duration and Term Structure of interest Rates [J] . Journal of Financial and Quantitative Analysis, 1997, 12.

[166] PhiliPPeJorio: Financialrisk Manager Handbook [M] . John Wiley&Sons, Ine, 2001.

[167] OECD, March 2005, global pension statistics project [J] . financial market trends, (88) .

[168] Prudent Person Rule, Standard of The Investment of Pension Fund Assets [J] . OECD Secretariat, February, 2002.

[169] MoridairaS, UrrtiaJ L, Smith R C. The equilibrium insurance Price and underwriting return in a capital market setting [J] . Joumal of Risk and Insuranee, 1992, 59 (2) .

[170] Superintendence of Pension Fund Administrators: The Chilean Pension System (Fourth Edition) [M] . 2003.

[171] Chile AFP Association, Limit on Investment Abroad Prejudicial for Pensions [M] . AFP Research Series No 45, November 2004.

[172] Superintendence of Pension Fund Aministrators: The Chilean Pension System (Fourth Edition) [M] . 2003.

[173] Tony Tao Fang, Public Policy, Occupational Pension Plans, And Alternative Retirement Savings Programs [D] . University of Toronto, 2004.

[174] Vicente A . Hildebrand, Three Microeconomic studies of Pensions and Retirement Savings [D] . York University, 2001.

[175] Ambachtsheer. Pension fund excellence: creating value for stakeholders [M] . Hoboken NJ: Wiley, 1998.

[176] Alicia H, Mun - nell. The Economies of Private pensions [M] . Brookings Institution, 1982.

[177] Andrew Dilnot & Paul Johnson Tax Expenditures: The Case of occupational Pensions [J] . Fiscal Studies, 1993, 14 (1) .

[178] Joaquin Cortez, Multifunds: The Chilean Experience, in Pension Funds Investment [M] . Chapter II - Part Perfecting the Regulation, 2004: 34.

[179] Solange Berstein, Guillermo Larrain, Francisco Pino, Chilean Pension Reform: Coverage Facts and Prospects [M] . Superintendence of AFP, 2005.

[180] Chile AFP Association, The Inverlink Case Will Not Affect the Pension Funds [J]. Research Series No. 31, April 2003.

[181] Mauricio Soto, Chilean Pension Reform: the Good, the Bad, and the in Between [J]. Boston College Retirement Research Center, June 2005.

[182] Larry Rohter, Chile's Candidates Agree to Agree on Pension Woes [M]. New York Times, January 10, 2006.

[183] Juan Yermo, The Contribution of Pension Funds to Capital Market Development in Chile [M]. Oxford University and OECD, September 2005.

[184] Brinson, Hood, Beebower, 1986, Determinants of Portfolio Preference [J]. Financial Analysts Journal, 1986, 42 (4).

[185] Roger G Ibbotson, Does asset allocation policy explain 40%, 90% or 100% of performance [J]. Yale School of Management, 1999.

[186] Macaulay F. some theoretical problems suggested by the movements of interest rates, one yields and stock prices in the United States since 1856 [M]. New York,: National Bureau of Economic Research, 1938.

[187] Joaquin Cortez, Multifunds: The Chilean Experience, in Pension Funds Investment Chapter II - Part 1 [R]. Perfecting the Regulation.

[188] Chambers, Donald R.; Carleton, Willard T., A new approach to estimation of the term structure of interest rates [J]. Journal of Financial and Quantitative Analysis, 1984, 19 (3).

[189] Arthur. J. K. eown. Basic Financial Management [J]. prentice - Hall International. InC1997.

[190] Bodie Zvi. pensions as Retirement Income Insurance [J]. Journal of Economic Literature, 1990.

[191] Dmaestri, Edgardo and Federico Guerrero (2003). The Rationale for Integrating Financial Supervision in Latin America and Caribbean. Sustainble Development. Technical Papers Series. IFM - 135. Inter - American Development Bank. July.

[192] Markowitz, H. M: Portfolio Selection: Efficient Diversification of investments [J]. NewYork, 1959.

[193] Dennis E. Logue & Jack S. Rader. Managing pension plans [J]. Harvard Business School Press, 1998.

[194] Black F. & Scholes M. The Pricing of Options and Corporate Liabilities [J] . polit. Economy1973 (81) .

[195] Sharpe William F. Corpoate pension Funding policy [J] . Journal of Financial Economies, 1976 (6): 183 – 193

[196] Lazear & Edward. Why is There Mandatory Retirement [J] . Journal of Political Economy, 1995, 187 (6) .

[197] The New Palgrave Dictionary of Money and Finance [M] . Edited by Peter Newman, Murray Milgate and John Eatwell, Published by the Macmillan Press Limited, 1992.

[198] ThomasHo. , Key Rate Durations: Measure of Interest Rate Risks [J] . Jounal of Fixed Income, 2, no. 2, 1992.

[199] Khorasanee, M. Zaki. A Pension Plan Incorporating Both Defined Benefit and Defined Contribution Principles [J] . Journal of Actual Practice, 1995, VOlume3 (2) .

[200] Danielsso: 1, J. andJ. Morimoto, Forecasting Extreme Financial Risk: A critical Analysis of Practical Methods for the Janpanese Market [R] . IMES discussion paper, series 2000 – 8.

[201] JuanYermo, Suvrey of investment regulation of Pension funds [R] . OECD, 2003.

[202] OECD. Private Pension Series No3: Private Pension Conference 2000 [R] . NewYork, 2000.

[203] EphilipDavis, portfolio regulation of life insurance companies and pension funds [R] . OECD, 2003.